ROBERT Y KARYN BARRIGER

Abuelos

PURO POTENCIAL PARA LA IGLESIA

e625.com

ABUELOS - PURO POTENCIAL PARA LA IGLESIA
e625 - 2020
Dallas, Texas
e625 ©2020 por Robert y Karyn Barriger

Todas las citas bíblicas son de la Nueva Biblia Viva (NBV) a menos que se indique lo contrario.

Editado por: **Virginia Bonino de Altare**
Diseño: **Nati Adami / Luvagraphics**

RESERVADOS TODOS LOS DERECHOS.

ISBN: 978-1-946707-38-3

IMPRESO EN ESTADOS UNIDOS

Contenido

Prólogo. Por Danilo Montero	5
Capítulo 1. Un plan generacional	7
Capítulo 2. La vitalidad de una iglesia multigeneracional	17
Capítulo 3. Las batallas que no pelees hoy	27
Capítulo 4. Bendiciendo a la tercera generación	35
Capítulo 5. Muéstrales cómo conocer a Dios	45
Capítulo 6. Pequeños pasos para ser una gran bendición	55
Capítulo 7. Se necesita una comunidad para criar a un niño	63
Capítulo 8. Padres ausentes	73
Capítulo 9. Narradores de historias	83
Capítulo 10. Invierte en personas	97
Capítulo 11. Crea recuerdos	107
Capítulo 12. Reyes y patriarcas	115
Capítulo 13. Los años gloriosos	129
Capítulo 14. Constructores de puentes	139
Capítulo 15. Sin temor al futuro	147
Capítulo 16. Darle paso a la siguiente generación	157

ANEXOS:	169

Jenna y Taylor (los hijos de Robert y Karyn y padres de sus nietos) te agregan algunas ideas valiosas.

"Un Dios de generaciones", por Jenna	171
"No se trata de mí, se trata de ellos", por Taylor	179

Prólogo

¡Qué gran aporte es este libro! Lo he sentido de manera muy personal y te cuento por qué.

Una de las cosas que más disfruto del tiempo de Navidad es recibir tarjetas de amigos personales y del ministerio. Junto con los buenos deseos y oraciones que comparten, muy a menudo vienen fotografías recientes de ellos. Antes, esas tarjetas nos ponían al corriente de cómo lucían nuestros amigos con el transcurrir de los años. Ahora, con las redes sociales, es más fácil saber cómo se ven, pero sin embargo ellas siguen teniendo ese efecto personal que la tecnología no puede replicar.

Menciono esto porque cada año, sin falta, una de las tarjetas más especiales que recibo viene de la familia Barriger. No solo es una de las tarjetas más espectaculares y originales que recibo, sino que es una que "transpira" familia en el sentido más amplio. Son tarjetas grandes, con fotografías de la "gran" familia Barriger: Robert y Karyn acompañados por sus hijos junto a sus respectivos cónyuges y los muchos nietos. ¡Me encanta!

Cuando conocí a Robert y Karyn jamás los hubiera visto como abuelos y ahora no podría verlos de otra manera. Es que, de todo lo que hacen y han logrado, se nota que su alegría y realización mayor proviene de estar rodeados de todos sus nietos.

Ellos dejaron su país para adoptar otro en Latinoamérica y al hacerlo lo marcaron con la cruz de Jesús: una marca de amor, compasión generosidad y, definitivamente, de servicio. Desde los barrios más pobres de Perú hasta las familias más nobles, desde clínicas de ayuda a madres jóvenes solteras hasta la comunidad cristiana repleta de niños, jóvenes y ancianos, los Barriger han sabido ser padres y abuelos en la fe para muchos.

Pero, insisto, creo que su logro mayor es su familia. Sus hijos no solo aman la presencia de Dios y a la iglesia de Jesucristo, sino que sirven con una fuerza y sencillez envidiables. Ahora, la siguiente generación crece entre risas, tablas de surf y sillas de iglesia para ser los protagonistas de la fe en Perú y en el mundo.

Quiero invitarte a que leas estas páginas como si te sentaras a conversar con Robert y Karyn. Presta atención a su mensaje, el cual está destinado a abuelos y pastores, como ellos lo son, para ayudarnos a hacer iglesia de una manera más colorida y completa, y no solo teniendo algunas actividades sueltas para nuestros hermanos de la tercera edad.

El propósito de este libro es doble: por un lado ayudar a los abuelos a tomar su lugar en el plan de Dios, y por otro dejar ver ideas y conceptos que son importantes para cada iglesia local, en particular, para los pastores.

Ninguna iglesia puede darse el lujo de perder la gran sabiduría y aporte de los abuelos, así como cada abuelo y abuela necesita encontrar su lugar en la Iglesia y ofrecer un gran desempeño de calidad para su familia y para toda una sociedad que los necesita.

Danilo Montero
Pastor y salmista

: **Capítulo 1**

Un plan generacional

Capítulo 1 - Un plan generacional

Dios es el Dios de las genealogías. Él tiene un plan generacional para tu familia

Dios piensa generacionalmente. Él siempre ha sido el Dios de las generaciones: el Dios de Abraham, de Isaac, de Jacob, y también el de José y sus descendientes. En todo el texto bíblico vemos que Dios es el Dios de las genealogías y esta verdad descubre que Él tiene un plan generacional para tu familia. Lo que esto quiere decir es que además de tu Dios, Él también quiere ser el Dios de tus hijos, de tus nietos, de tus bisnietos, de tus tataranietos y podríamos continuar...

Antes de conocer a Dios (habla Robert), cuando era pequeño, crecí bajo los cuidados de mi mamá, quien fue una madre soltera. No tuve la oportunidad de conocer a mi padre, pues él abandonó nuestra casa justo después de que yo naciera. Esto me produjo ciertas inseguridades en mi vida.

Los padres (varones) proporcionan tres cosas muy importantes en la vida de sus hijos: seguridad, identidad y provisión. La mayoría de los padres están tan enfocados en llevar la suficiente provisión a casa, que se olvidan de suplir las otras necesidades. Algunos no tienen idea de lo importante y necesario que es para un niño sentir seguridad, y cuánto impacto genera en la vida de sus hijos la falta de identidad. Los niños que crecen sin un padre en la casa tienen muchas más posibilidades de ser inseguros.

¿Por qué tenemos tantas pandillas en las calles o lugares donde a los chicos les gusta salir y pasar un rato juntos? Una pandilla no es más que una familia sustituta. Si los niños no encuentran su identidad en la casa, la encontrarán en otro lugar. Conscientes o no, los padres brindamos identidad, seguridad y provisión, y claro que el rol materno es fundamental, pero sin el paterno estas tres necesidades suelen sufrir.

Al haber crecido sin un padre en casa, yo era ese niño inseguro. Recuerdo temer a los mayores y sentirme intimidado por ellos, especialmente con las personas con cierta autoridad como los maestros y los directores de la escuela. Con frecuencia era llamado a la oficina del director. Aquellos eran días en los que azotar a los niños con una vara en las escuelas era todavía legal y normal. ¡La vara del director y yo nos conocimos muy bien por aquellos tiempos!

Cuando entregué mi vida a Cristo, sentí de inmediato ese llamado urgente para ayudar a otras personas como yo, a encontrar la salvación a través del evangelio de Jesucristo. Respondiendo a ese llamado, me registré en el seminario bíblico de la iglesia. Todavía recuerdo uno de los primeros mensajes que escuché en la capilla del seminario. El tema era "Cómo los pecados de los padres se trasladan a la tercera y cuarta generación" (allí vemos una vez más a un Dios pensando generacionalmente).

Me quedé pensando en ese versículo: los pecados de los padres se repiten hasta la tercera y cuarta generación (lo cual significa nietos y bisnietos). Entonces le pregunté a Dios: "¿Qué generación soy yo?".

En ese momento no tenía idea de cómo era mi padre ya que nunca lo había conocido, solo tenía pequeños datos de él. Sabía que había tenido hijos con otras mujeres, que había peleado en la guerra y por ello, sospechaba que tenía medio hermanos y hermanas en Vietnam. Era ese tipo de hombre.

Inmediatamente comencé a sentir ansiedad. Miré la forma en que mi padre había vivido su vida, y pensé: "¡Soy la segunda generación! ¿Los pecados de su vida serán trasladados a mí?". Casi se podía escuchar la voz del diablo diciendo: "Sí, eres segunda generación. Nunca lo lograrás".

Durante ese primer año en el seminario bíblico, llegó un momento en el que mis peores temores se vieron confirmados.

Hasta ese momento, había luchado la mayor parte de mi vida con figuras de autoridad masculinas, y ahora la mayoría de mis instructores bíblicos eran hombres. Nunca olvidaré el día en que uno de ellos vino a mí y me dijo: "Robert, necesito hablar contigo". Inmediatamente, sentí inseguridad y comencé a preocuparme. Mis inseguridades comenzaron a salir a la luz: "¿Qué va a decirme? ¿Por qué quiere hablar conmigo? ¿Qué hice mal?". Y luego las palabras que me dijo confirmaron mis temores: "Robert, tú nunca llegarás al ministerio, ¿por qué no vas a buscar un trabajo?".

Sus palabras me atravesaron. Este hombre era un profesor de griego en un seminario bautista (en ese momento saber griego para los bautistas era lo más importante del mundo, y era esencial para trabajar a tiempo completo en muchas iglesias). Así que él era un maestro importante dentro del seminario, y las palabras que me dijo tuvieron un gran peso en mí. Ahora puedo mirar hacia atrás y ver de dónde venía, y que su intención no fue lastimarme, aunque en ese momento, sus palabras me atravesaron. Pensé: «Oh Dios, esto es por la maldición generacional».

Durante un tiempo seguí luchando con mis inseguridades y varios otros maestros me hicieron saber que ellos también creían que no tendría futuro en el ministerio. Hasta que llegó un día. Un día inolvidable.

Ese día me encontraba en la capilla y había un orador invitado. Para ser honesto, estaba considerando seguir el consejo de mis maestros de abandonar el seminario bíblico y simplemente buscar un buen trabajo para luego convertirme en un buen empresario.

Yo estaba sentado en las sillas de atrás. En el auditorio había unos trescientos alumnos más. De pronto, el orador paró de hablar justo a la mitad de su mensaje, miro hacia donde yo estaba sentado y me dijo: "Joven, tengo una palabra para ti, y siento que Dios quiere que te la dé ahora mismo".

Lo miré con sorpresa y dije: "¿Me está hablando a mí?". Él asintió con la cabeza, y luego me pidió que viniera al frente porque quería orar por mí.

Mientras me ponía de pie, comencé a pensar: "Oh no, ahora todos sabrán que no pertenezco aquí". Podía sentir la mirada de todos mis compañeros observándome, agaché la cabeza y me dirigí hacia donde el predicador me había indicado.

Sus palabras fueron estas. *"Hijo mío, hijo mío, sigue adelante en Dios"*; luego continuó diciéndome más cosas, pero en verdad, no las recuerdo. Las primeras dos palabras que escuché esa mañana fueron suficiente para mí. Ellas daban vuelta en mi cabeza una y otra vez, mientras mi corazón era sanado y explotaba de alegría... *"Hijo mío, hijo mío"*.

Esa fue la primera vez que pude escuchar una voz masculina llamándome hijo. Y esta no era una voz cualquiera, esta voz venía hacia mí directamente de Dios. Fue uno de esos momentos en que de manera sobrenatural el Espíritu Santo viene sobre tu vida y te deja con el corazón acelerado.

En ese momento tuve la revelación de que los pecados de los padres que se repetían en la segunda, tercera y cuarta generación eran algo que formaba parte de la ley del Antiguo Testamento. Pero la Biblia dice que Jesús tomó esa maldición y la clavó en la cruz.

> **No soy ni la segunda, ni la tercera generación. El día que le di mi vida a Cristo, me convertí en primera generación**

En otras palabras, no soy ni la segunda, ni la tercera generación. Las cosas viejas quedaron en el pasado y ahora todas las cosas son nuevas. Para ser más claro: el día que le di mi vida a Cristo, me convertí en primera generación, así como Pablo lo menciona:

«Por lo tanto, si alguien está unido a Cristo, es una nueva creación. ¡Lo viejo ha quedado atrás y lo nuevo ha llegado!». 2 *Corintios* 5:17

Esto indica que soy libre de la maldición de la ley, porque ahora soy la primera generación.

En Éxodo 20:6 y Deuteronomio 7:9, la Biblia dice que los justos serán bendecidos hasta mil generaciones. En Jesús, por su sangre y a causa de su sacrificio, soy hecho justo.

Este fue un punto que marcó un antes y un después en mi vida: el momento en que me di cuenta de que tal vez no había conocido a un padre terrenal, pero sí a un Padre Celestial.

Entendí la importancia de la iglesia al observar y admirar a las familias que allí se congregaban; empecé a soñar con tener una familia que se pareciera a ellas. Noté que mi pastor podía ser un modelo a seguir y encontré en él a un padre espiritual dispuesto a enseñar cómo ser buenos padres a los que crecimos sin ellos. No quiero que ningún niño resulte lastimado y pase por el dolor que yo pasé.

No mucho después de esto, Karyn y yo nos conocimos. Cuando nos casamos, pensamos mucho sobre cómo queríamos que fuera nuestra familia. Ambos habíamos venido de hogares muy destrozados. Su padre era alcohólico y mi padre simplemente nunca estuvo. No teníamos buenos modelos a seguir dentro de nuestras propias familias.

> **Doy gracias a Dios por los abuelos y abuelas de la iglesia que me adoptaron y me dijeron: "Hijo, déjame enseñarte"**

Doy gracias a Dios especialmente por los abuelos y abuelas de la iglesia, que me adoptaron y me dijeron: "Hijo, déjame enseñarte". Empecé a hacerles preguntas cada vez que pude: "¿Cómo puedo criar niños en este mundo roto? ¿Cómo trato con estos problemas? ¿Cómo podemos formar una familia fuerte?". Estos hombres y mujeres, estos abuelos y abuelas, nos ayudaron mucho.

Si tienes la edad para ser abuelo o abuela, quiero alentarte: no tienes idea de lo valioso que puedes ser para los cientos de jóvenes provenientes de hogares rotos, que están en las calles y necesitan de un modelo a seguir. Claro que también te necesita tu familia directa, pero déjame decirte con seguridad de que eres parte de una familia más grande llamada la iglesia, en la que Dios te dio un poderoso potencial.

En mi caso, si hubiera venido de una familia sana, no habría pasado por tanto dolor en mi vida. El dolor emocional, las inseguridades, las dudas y las preguntas no me hubiesen atormentado de la misma manera. Si hubiera tenido a alguien caminando a mi lado cuando era niño y en mis tiempos de adolescente, hubiera crecido de manera distinta.

Capítulo 1 - Un plan generacional

Hoy tengo una gran pasión por alcanzar a las generaciones, es decir, a jóvenes y adultos, creando una iglesia multigeneracional, donde los niños, adolescentes, padres y abuelos sirvan juntos, porque esto ayuda a los jóvenes a conectarse con los modelos de padres y abuelos que existen en la iglesia, especialmente a los jóvenes que vienen de hogares divididos.

Abuelos, busquen a los jóvenes y guíenlos. Si existe un día en el que necesitamos a los abuelos, ese día es hoy. Encuentra a los "Roberts y Karyns que andan por ahí, y muéstrenles el camino.

¿Te gustaría volver atrás el reloj y tener treinta años menos? Quizás pienses rápidamente y me digas: "No, no quiero volver a pasar por lo mismo otra vez".

Pero espera, no he terminado la pregunta. ¿Te gustaría volver atrás el reloj y tener treinta años menos, pero sabiendo todo lo que sabes ahora? De seguro no volverías a cometer los mismos errores que cometiste en el pasado. ¿Te imaginas con treinta años menos sabiendo todo lo que sabes, con toda la experiencia ganada y con todos los secretos revelados por Dios en tu vida? Estoy seguro de que todo sería diferente.

Busca a alguien con treinta años menos que tú, adóptalo y transfiérele todo lo que sabes

¿Qué dirías si te dijera cómo lograrlo? El secreto es este: busca a alguien con treinta años menos que tú (puede ser tu hijo, tu nieto o el hijo y el nieto de otra persona; también puede ser un joven de la iglesia), adóptalo y transfiérele todo lo que sabes. De seguro te verás treinta años más joven. Solo tienes que depositar sobre él o ella todo lo que Dios te ha enseñado en esos años. Si así lo haces, se levantará una nueva y poderosa generación.

Estoy tan agradecido por haber encontrado padres y abuelos en la iglesia cuando tenía veintitantos años. Esto cambió el curso de mi vida, el de Karyn y el de nuestra familia.

Es más, creo que la generación mayor también necesita conectarse con los más jóvenes para así dejar un legado. Poder ser parte de sus vidas les da la oportunidad de vivir con un propósito: usar lo que Dios les ha dado para preparar a la próxima generación.

Decir que los abuelos son importantes no basta. Hay que demostrarlo y por eso es importante promover la participación de los abuelos dentro de los equipos ministeriales de todas las edades.

Claro, abuelos que entiendan que su rol allí no es realizar las actividades según sus gustos, sino aportar su experiencia, cariño y el poderoso ministerio de la presencia, ese que se ejerce estando allí y siendo un modelo para quienes vienen detrás.

Un error muy común en muchas iglesias, que podemos cometer con buenas intenciones, es creer que un buen ministerio de abuelos es uno en el que hacemos actividades para ellos pero los aislamos y no permitimos que aporten su influencia en otros ministerios de la iglesia.

Que tengan sus actividades claro que está muy bien, pero los necesitamos activos influenciando a las nuevas generaciones y no aislados.

Capítulo 2

La vitalidad de una iglesia multigeneracional

Capítulo 2 - La vitalidad de una iglesia multigeneracional

Luego de las generaciones de Moisés y Josué, la Biblia menciona que se levantó una generación que no conoció a Dios.

La generación de Moisés vio milagros poderosos en el desierto. El Mar Rojo abriéndose, el maná que caía del cielo, la columna de nube que los cubría de día y la columna de fuego que los cubría de noche y que los condujo a través del desierto. Esa fue la generación de Moisés.

La siguiente generación, la de Josué, fue la que conquistó nada menos que la Tierra Prometida conforme a la promesa de Dios. Ellos tomaron las ciudades amuralladas, pelearon contra los gigantes y comenzaron a disfrutar la tierra que Dios les había prometido a sus abuelos.

Pero luego pasó lo que vemos en Jueces 2:10, que dice: *"Finalmente murió toda aquella generación. Los que nacieron después de ellos ya no fueron fieles al Señor su Dios, ni recordaban los actos portentosos que había hecho en favor de Israel".*

Dios no tiene nietos

La fe en Dios no es algo que se hereda automáticamente, es algo que se enseña intencionalmente

Una declaración que hacemos a menudo en la iglesia cuando invitamos a la gente a conocer a Jesús es esta: "Dios no tiene nietos, solo tiene hijos". Podemos ser influenciados por la fe de nuestros padres, pero no la heredamos automáticamente como un rasgo genético.

Nunca escucharás a un padre decir: "¡Mi hijo ha heredado mi mal genio, así como heredó nuestra fe en Jesús!". La fe en Dios es enseñada, no es algo que se hereda automáticamente, es algo que se enseña intencionalmente.

El error de aquellos hombres fue no pasar a la siguiente generación el testimonio personal de lo que habían experimentado en cuanto a la grandeza de un Dios que los sacó de la esclavitud. Los milagros que vieron los abuelos en el desierto no llegaron al oído de sus nietos en la tierra prometida, es decir, ellos crecieron en la promesa que Dios dio, pero sin Dios, porque obviamente hubo un problema en la transferencia generacional de la fe.

¿Por qué pasó esto? Seguramente porque escucharon alguna historia general pero no la de *sus* abuelos y el resultado fue que esos nietos se enfocaron en todo lo que les faltaba, en lugar de ver todo lo que Dios había hecho por ellos desde antes de que nacieran. Esos abuelos y padres estuvieron ahí pero, seguramente sin querer, los condujeron al miedo, a la desconfianza, a la negatividad y a la rebelión.

Nuestros hijos necesitan a sus abuelos. Hubo generaciones que lideraron pero en un sentido equivocado. En lugar de fe transmitieron temor, sospecha en vez de confianza y retroceso en lugar de avance.

> **En la tierra prometida no hubo abuelos que pudieran contar de primera mano cómo la poderosa mano de Dios los sacó de Egipto**

Presta atención a esto: en la tierra prometida no hubo abuelos, pues todos murieron en el desierto y ese fue el principio de la tragedia de que perdieran su fe. A esta generación le hizo falta abuelos que les ayudaran a preparar a sus nietos para el futuro. Abuelos que pudieran contar de primera mano cómo la poderosa mano de Dios los sacó de la esclavitud de Egipto, y cómo los mantuvo seguros por cuarenta años en el desierto.

Como padre y como abuelo no te canses de instruir a tus nietos. Qué honor es entrenarlos y guiarlos hacia la fe en Dios, guiarlos hacia un mejor futuro. Qué privilegio es enseñar a las vidas de las siguientes generaciones el perfecto plan que Dios tiene para ellos.

Las próximas generaciones te necesitan. Puede que a veces sientas que no te quieren, pero te aseguro que te necesitan más de lo que crees.

Tal vez lo que pasó con los abuelos es que se cansaron de narrar cuentos a niños inquietos, niños que constantemente se quejaban al escuchar las mismas historias de siempre, niños cansados y con hambre.

Como padres y abuelos, no podemos renunciar a nuestros hijos y nietos. No debemos permitir que sus actitudes derriben la nuestra. Asumamos la responsabilidad que Dios nos ha dado de mostrarles el camino. Debemos sentirnos honrados y darle gracias a Dios por el privilegio de guiar las vidas de las futuras generaciones hacia el perfecto plan que Dios tiene para ellos.

Cuando ellos se quieran alejar de la fe, tenemos y debemos acercarnos a ellos. Debemos animarlos, amarlos y dejar que ellos vean la fidelidad de nuestro Dios y lo que Él hizo en nuestras vidas. Nunca dejemos de hacerlo, sin importar la reacción inmediata. Así como Dios no se dio por vencido con nosotros, nosotros no nos rindamos con ellos.

Estamos diseñados para vivir juntos

Dios nos diseñó para que todas las generaciones vivamos enlazadas

Dios nos diseñó para que todas las generaciones vivamos enlazadas. Su deseo es que vivamos conectados, que aprendamos los unos de los otros, que podamos crecer juntos y ayudarnos mutuamente.

Pueden pasar muchos años, pero los valores esenciales nunca cambian, aunque nuestros roles sí lo hagan. Muchas personas mayores creen equivocadamente que si su rol cambia, es decir de hijo a padre, y luego de padre a abuelo, los valores cambian, pero esto no es cierto. Vemos esto en personas que erróneamente definen su identidad en las cosas que hacen, o en su trabajo, título o posición, ya sea ingeniero, abogado o doctor, pero nuestra verdadera identidad se descubre y afirma cuando nos encontramos con Jesús.

Cuando encontramos nuestra identidad en Jesús, descubrimos que Él nos eligió y que somos sus hijos amados. Descubrimos que Jesús no nos ama por lo que hacemos o por nuestros dones. Él nos ama y no puede dejar de hacerlo, porque sencillamente "Él es amor". Sabemos que nuestro rol puede cambiar, que nuestro trabajo puede cambiar, pero nuestra identidad y valor nunca cambian.

Yo, Robert, tengo un amigo al que considero un mentor para mi vida, el pastor Willie George. Es un hombre al que admiro y que me ha ayudado por décadas.

Llegó un momento en su vida en que supo que era tiempo de dejar de ser el pastor principal de la iglesia y pasarle el liderazgo a la siguiente generación. Esto fue lo que dijo:

"Las nuevas generaciones verán cosas que ya no puedes ver, y yo ya no estaba viendo las cosas como solía hacerlo; fue entonces cuando supe que era el momento de hacer el cambio".

Willie George no renunció a su trabajo en la iglesia, sigue siendo el pastor fundador y no abandonó a su equipo. Simplemente se dio cuenta de que era tiempo de hacer cambios. Se dio cuenta de que la siguiente generación veía cosas que él no estaba viendo.

Él sabía que todavía era útil para desempeñar un papel esencial en su iglesia, uno que solo él podía hacer. Willie sabía que era hora de que su hijo tomara la posición que alguna vez él tuvo, porque su hijo podía "ver lo que él ya no podía ver". Su hijo Whit es muy sabio, y vino con una visión fresca para beneficio de la iglesia, pero también se dio cuenta de que aún había cosas que su padre podría enseñarle a ver.

Ahora pueden ver a Willie y Whit trabajando juntos, uno al lado del otro. Este es un excelente ejemplo de cómo Dios creó el ministerio y la iglesia: generaciones trabajando juntas y sirviendo lado a lado, cada una aportando sus puntos fuertes para crear una imagen completa de cómo debe ser el cuerpo de Cristo.

No construimos iglesias juveniles

Los temas de diversidad e inclusión han sido importantes para nosotros desde el primer día.

Nuestra iglesia en el Perú no solo es una iglesia multigeneracional, sino que también es una iglesia multicultural:

tenemos colombianos, argentinos, chilenos, venezolanos y algunos estadounidenses.

Amo el hecho de que nuestra iglesia sea multicultural, porque así es como se verá el Cielo.

Cuando hablamos de diversidad, no solo se trata de aceptar las diferentes culturas o nacionalidades, también se trata de enlazar las diferentes edades y generaciones.

Recuerden que cuando en Mt. 6:5-13 Jesús les enseña a orar a sus discípulos, Él dice: *"Cúmplase en la tierra tu voluntad como se cumple en el cielo" (v.10)*. Lo que Jesús está diciendo es que Dios desea que el cielo sea visible en la tierra. En el cielo vemos gente de todos los pueblos, tribus y naciones, alabando a Dios en su trono, pero no solo vemos gente de todas las diferentes culturas, también vemos a gente de todas las edades en un solo lugar dando gloria a Dios. De igual manera, la iglesia debe reflejar los cielos en la tierra, aceptando diferentes culturas y generaciones en un solo lugar.

La diversidad no nos debilita, nos enriquece

Cuando comenzamos la iglesia "Camino de Vida" no deseábamos solamente una iglesia de jóvenes o una iglesia de gente mayor; buscábamos una iglesia multigeneracional, en donde todas las etnias fueran aceptadas, y esto no solo incluía a todas las clases sociales, sino también a todos los niveles socioeconómicos, educativos y, por supuesto, a todas las edades.

> La diversidad no solo se trata de aceptar diferentes culturas o nacionalidades sino también de enlazar diferentes edades y generaciones

Es hermoso cuando en un solo lugar podemos estar muchas personas de diferentes trasfondos, alabando en un solo espíritu a nuestro Dios.

Hay algunos que piensan que "Camino de Vida" es una iglesia solo para gente joven, sobre todo cuando observan la tecnología que usamos, o escuchan el estilo de música que cantamos, o ven el auditorio lleno de jóvenes alabando a Dios con todo su corazón. Pero si prestan atención, no solo verán a los jóvenes adelante, también verán el auditorio lleno de padres y abuelos adorando a Dios junto con ellos.

Si entran a las redes sociales de nuestra iglesia se darán cuenta de que hay abuelos sirviendo al lado de niños, y verán trabajar en equipo a padres y a adultos junto con adolescentes. Creemos que así se ve una iglesia sana, creemos que es lo más parecido al cielo aquí en la tierra: abuelos, padres e hijos alabando juntos.

Lo más parecido al cielo en la tierra: abuelos, padres e hijos alabando juntos

¿Y qué abuelo hay que no desee ver a sus hijos y nietos apasionados por Dios? Esto llena de alegría el corazón de cualquier abuelo.

Por esta razón, si la música que tocamos se inclina más hacia los jóvenes, ya saben el porqué: es porque los abuelos se alegran cuando ven a sus hijos en la casa de Dios.

En "Camino de Vida" no solo todos son bienvenidos: todos son deseados, todos son necesarios y todos son celebrados.

En Hebreos 11:9 vemos a Abraham, Isaac, Jacob y sus familias viviendo juntos en la tierra prometida, así como

Dios quería que fuera. Y en Éxodo 3:6, vemos a Dios diciéndole a Moisés: *"Yo soy el Dios de tus padres, el Dios de Abraham, de Isaac y de Jacob"*. Porque Dios es un Dios multigeneracional.

Si estás en la misma etapa de la vida que Abraham, qué privilegio. Instala tu carpa junto a las de tus hijos y nietos, junto con otras generaciones más jóvenes de tu iglesia, y sé la voz de la sabiduría y la guía que tan desesperadamente necesitan. Sé el ejemplo que quieren seguir y bríndales el amor que su corazón anhela.

IDEA para pastores

Genera programas de apadrinamiento intergeneracional. Es decir, es bueno involucrar a los abuelos en todos los ministerios pero puede resultar todavía mejor cuando se involucran con otras personas, siendo consultores, coaches o simplemente padrinos de oración, con quienes los líderes de los ministerios puedan pasar momentos de intimidad cada cierto tiempo.

El apadrinar a personas puede realizarse con todas las edades y roles, pero puede ser también una herramienta especialmente útil para padres que no tienen padres, y nietos que no tienen abuelos.

El facilitar relaciones cercanas entre los abuelos y las nuevas generaciones, aun fuera de los vínculos familiares de sangre, puede ser una gran bendición, tanto para los apadrinados como para los padrinos.

Capítulo 3

Las batallas que no pelees hoy

Capítulo 3 - Las batallas que no pelees hoy

En la actualidad pareciera que existe un espíritu de odio que ha sido liberado por el mundo entero, que causa división entre un grupo y otro, y es una pena descubrir que este mismo sentir ha ingresado también en algunas iglesias. Debes saber que la iglesia de la esquina, esa que está cerca de la tuya, no es tu competencia sino todo lo contrario: es una aliada en Jesús para alcanzar a otro tipo de personas.

El mundo de hoy es muy controversial, y estas controversias no son exclusivas de nuestro tiempo; de hecho, hubo diferencias similares en los tiempos de Jesús. Por ejemplo, los cambistas que estaban en la entrada del templo se aprovechaban de la gente vendiendo ofrendas. Podemos ver también que existían personas como los fariseos, quienes decían una cosa pero vivían de manera diferente.

La *entropía* es la segunda ley de la termodinámica y dice que todo lo que dejas sin atención tiende a deteriorarse con el paso del tiempo. Esta es la razón principal por la que no creemos en la evolución natural del hombre y en la idea popular acerca de la teoría de la evolución. El dicho popular según la teoría de la evolución plantea que hay más especies conforme pasan los años, y que el mundo se vuelve cada vez mejor, pero la ciencia y la historia nos muestran que no hay más especies; hay menos, y que el mundo mismo se va desgastando, no va mejorando.

Si uno no administra su vida espiritual, con el tiempo esta se va desgastando hasta el punto de desaparecer

La *entropía* puede definirse como el desgaste natural de las cosas, y no es algo que solo afecta a las cosas físicas, sino que también afecta a nuestra vida espiritual. Es decir, si uno no administra su vida espiritual, con el tiempo se va desgastando hasta el punto de desaparecer.

La naturaleza humana busca la mayor comodidad y el mayor beneficio con el menor esfuerzo posible, pero lo que Dios nos enseña en la Biblia es que, si nos esforzamos, Él bendecirá el trabajo de nuestras manos. De seguro llegará el momento en el que podamos disfrutar de nuestro descanso, pero este descanso llegará como recompensa luego de haber trabajado de manera esforzada.

¿Por qué Josué tuvo que derrotar gigantes? Porque sus padres no lo hicieron

Esto no solo se aplica a nuestro trabajo, la entropía también se puede ver reflejada en algunas áreas de nuestra vida, como en la matrimonial. Cuando uno comienza el matrimonio, lo hace enamorado, teniendo detalles románticos, usando frases amorosas y siendo complaciente con su pareja; pero muchas veces, después de casarnos, descuidamos nuestra relación matrimonial al punto de llevar una vida en constante conflicto y al borde del divorcio.

En todo momento Dios nos está llamando a ser hombres y mujeres esforzados y valientes. Cuando Josué iba a entrar a la tierra prometida tuvo que conquistar ciudades amuralladas y derrotar gigantes. Cuando estudiamos el tema a fondo vemos algo que es muy triste. ¿Por qué Josué tuvo que derrotar gigantes? La respuesta a esta pregunta es: porque sus padres no lo hicieron. Dios llamó a Moisés para que peleara y tomara la tierra prometida, pero no pudo hacerlo. La enseñanza es simple: *las batallas que no pelees hoy, algún día tus hijos tendrán que pelearlas.*

Todos queremos dejarles a nuestros hijos un mundo mejor del que hemos recibido de nuestros padres. Para ello necesitamos esforzarnos y ser valientes. ¡Debemos pelear por nuestras familias, por la seguridad de nuestros hogares y por las siguientes generaciones!

Todos tenemos hábitos, y algunos de ellos son dañinos para nuestra familia; por ejemplo, el hábito de gastar más de lo debido, dejando una deuda a tus hijos, o el hábito de beber alcohol excesivamente.

Cuando hablamos de ser valientes y de pelear, nos referimos a pelear contra nuestros propios hábitos negativos, para así dejar una buena herencia o legado para nuestros hijos. Dios les dio fuerza a los hombres para que puedan proteger a sus familias, no para que las hieran y lastimen, por eso siempre menciono que un verdadero hombre nunca golpea a su familia.

==Debemos pelear contra nuestros hábitos negativos para dejarles una buena herencia a nuestros hijos==

La Biblia dice en Juan 3:1-3 que una noche Nicodemo se dirigió a donde estaba Jesús para hablar con él.

> *«Había un fariseo llamado Nicodemo; era un jefe importante entre los judíos. Este fue una noche a visitar a Jesús y le dijo: "Maestro, sabemos que Dios te ha enviado a enseñarnos, porque nadie puede hacer las señales milagrosas que tú haces si Dios no está con él". Jesús le dijo: "Te aseguro que si una persona no nace de nuevo no podrá ver el reino de Dios"». Juan 3:1-3*

Nicodemo era un hombre muy respetado por su comunidad,

y como en ese entonces Jesús era una persona controversial para los fariseos, fue de noche al encuentro de Jesús porque no quería que nadie lo viera con él. Jesús lo miró y le dijo: Nicodemo, tú no puedes continuar igual, tienes que cambiar, tienes que nacer de nuevo.

Cuando un bebé es concebido, a los tres meses aún tiene espacio en el vientre, a los seis meses le es un poco más incómodo, pero llega un momento en el cual ya no puede quedarse más tiempo en el vientre y tiene que salir de allí.

Creo que en muchas de las presiones de la vida, Dios está diciéndonos: "No puedes seguir haciendo lo que siempre haces, tienes que atreverte a una nueva vida; atrévete, comienza a entrar en este proceso y mira todo lo que puedo hacer en tu vida. Tienes que nacer de nuevo".

Como a Nicodemo, Dios también nos da la oportunidad de nacer de nuevo, de empezar de nuevo; no tenemos que seguir repitiendo nuestros errores ni los de nuestros padres una y otra vez. Hoy tenemos la oportunidad de tomar nuevas decisiones en nuestra vida, para que las generaciones que vengan después sean bendecidas por la valentía que tuvimos cuando aceptamos nacer de nuevo en Cristo.

¿Quieres que tus relaciones familiares se mantengan iguales o quieres que mejoren? ¿Quieres que continúen los conflictos con tus hijos o quieres que haya paz en tu hogar? ¿Quieres que continúen los problemas económicos de tus hijos o vas a ayudarles a aprender? ¿Quieres aprender los principios eternos que Dios enseña o quieres mantener el status quo de tu vida?

El status quo es la idea de que nada va a cambiar, pero cada día Dios nos ofrece la oportunidad de

Posiciona a la próxima generación para el éxito. Nace de nuevo.

comenzar de nuevo. Yo creo que si algunas de las preguntas anteriores te incomodaron es porque Dios te está pidiendo un cambio. Posiciona a la próxima generación para el éxito. Nace de nuevo.

Ofrece talleres a los abuelos que no sean simplemente sermones o devocionales. Ayuda a los abuelos a pelear sus batallas y sanar sus vidas para que sus hijos y nietos no sufran las consecuencias; no solo hables del pasado sino equípalos para el presente.

¿Qué más pueden aprender? Claro que es bueno ayudarlos en su vida espiritual pero ve más allá y ofréceles en la iglesia talleres de habilidades específicas. Que ellos se mantengan aprendiendo será también una gran fuente de inspiración para los que vienen detrás.

Capítulo 4

Bendiciendo a la tercera generación

Capítulo 4 – Bendiciendo a la tercera generación

Un antiguo proverbio griego dice: *"Una sociedad crece cuando los ancianos plantan árboles a cuya sombra saben que nunca se sentarán"*.

¿Eres uno de los valientes pioneros de tu familia que estuvo dispuesto a crear una mejor vida para los suyos? ¿Qué tal pensar más allá de tu familia de sangre?

==Una sociedad crece cuando los ancianos plantan árboles a cuya sombra saben que nunca se sentarán==

En Perú vemos continuamente a muchos hombres y mujeres valientes, esforzados pioneros que llegaron a los centros urbanos desde las zonas rurales para vivir junto a su descendencia, y esta realidad no la veo solo en Perú, sino también en otros países de Latinoamérica y del mundo que he podido conocer. Los centros urbanos han estado creciendo en todo el mundo gracias a quienes dejaron las tierras de su infancia y se mudaron allí.

Si eres abuelo y tienes algunos años encima como nosotros, seguramente has podido ver a lo largo de tu vida un gran cambio en la población de las ciudades de tu país. En Perú, mientras escribimos este libro, el 21% de la población, es decir, 2 de cada 10 personas aproximadamente, viven en las zonas rurales; pero tan solo 120 años atrás, la realidad era totalmente distinta, ya que 2 de cada 3 peruanos vivían en zonas rurales, lo que representa un 67%.[1]

---

[1] worldpopulationreview.com. Consultado: 23 de abril de 2020. https://worldpopulationreview.com/countries/peru-population/cities/

Abuelos pioneros

Este cambio empezó a darse durante la primera mitad del siglo XX, entre 1900 y 1949. En las grandes ciudades del Perú, principalmente en Lima, la forma en que estaban compuestas las ciudades comenzó a cambiar. La gente que vivía en los hermosos Andes peruanos, quienes se dedicaban mayormente a cultivar la tierra y realizar labores mineras, inició un proceso de migración masiva a las ciudades de la costa.

Rolando Arellano, un reconocido investigador que ha realizado diversos estudios sobre el estilo de vida de Latinoamérica, describe en su libro *Ciudad de los Reyes, de los Chávez, de los Quispe* qué fue lo que pasó con esta generación y lo que terminaron logrando.

Buscando una nueva y mejor vida para ellos y sus familias, estos valientes pioneros se mudaron a las grandes ciudades en busca de oportunidades. En ese entonces, la única opción para conseguir un lugar donde vivir y establecerse consistía en instalarse en unos arenales fuera de la ciudad o sobre la falda de los cerros que rodeaban la capital. Casas construidas con materiales económicos y accesibles, como esteras (entretejido de cañas secas), paja y cartón, empezaron a divisarse en los cerros de Lima. Para poder subsistir, y debido a la falta de educación por provenir de zonas rurales, donde esta no era accesible, tuvieron que empezar a trabajar en tareas domésticas en los distritos céntricos de Lima. Las mujeres lo hacían como empleadas del hogar o niñeras, y los hombres como jardineros o albañiles. Todos ellos encontraron un oficio que desarrollar y ofrecer a los hogares de las clases altas de la sociedad limeña.

No fue una vida fácil. Durante ese tiempo a menudo escucharon palabras despectivas e irrespetuosas para referirse a estos migrantes.

Estas personas, a pesar de lo difícil que fue dejar sus pueblos y trasladarse a la gran ciudad, nunca se rindieron frente a sus sueños de un futuro mejor para ellos y sus hijos, y con ellos se empezó a notar un cambio en la composición de la sociedad. Además, tenían que trabajar mucho, sin tener estabilidad laboral, la asistencia médica necesaria ni las comodidades de una vida sencilla.

Pero aun así, estos valientes lucharon y con el tiempo consiguieron un título de propiedad del pequeño terreno donde vivían. El esfuerzo continuó y lograron comprar sus primeros ladrillos y levantar las primeras paredes; nunca pararon, siguieron adelante sin desmayar.

Hoy en día, esta generación de migrantes, a quienes llamamos abuelos pioneros, han dejado un legado que cambió la sociedad limeña en el Perú, porque a lo largo del tiempo no solo lograron cubrir sus necesidades básicas, sino que lograron tener una casa propia, y sus hijos e hijas comenzaron a recibir la educación que sus abuelos no tuvieron pero que soñaron algún día para sus descendientes.

Luego, los hijos de estos pioneros, aunque muchos tenían que continuar trabajando como lo hicieron sus padres – es decir, en trabajos sencillos y domésticos–, fueron contratados como trabajadores en tiendas y empresas, y esto les permitió comprar sus vehículos para seguir trabajando.

Con el tiempo desarrollaron una actividad comercial mayor, dando lugar a lo que hoy se conoce como "empresas familiares", es decir, el ejemplo de los abuelos pioneros y el trabajo fuerte que hicieron llevó a la siguiente generación a surgir y crecer económica y socialmente.

> **El ejemplo del fuerte trabajo de los abuelos pioneros es lo que condujo a la segunda generación en su deseo de progresar**

El ejemplo del fuerte trabajo de los abuelos pioneros es lo que condujo a la segunda generación en su deseo de progresar. Ellos se encargaron de seguir sin descansar la ruta que en un inicio trazaron sus padres. Esta segunda generación, imitando a sus padres, también adquirió sus propios terrenos e inició el proceso de autoconstrucción.

Luego nacieron los miembros de la tercera generación, quienes asistieron a universidades e institutos donde también estudian los descendientes de los limeños nativos. Esto permitió que madurara en forma natural un proceso de interculturización, y es por eso que hoy podemos hablar de un grupo de gente conocido como los "nuevos limeños".

El acceso a la educación superior permitió que la sociedad en su conjunto se uniera y se redujera la distancia entre las clases sociales, dando como resultado una nueva cultura, la cual no hubiera sido posible sin el esfuerzo de los "abuelos pioneros", quienes, luego de mucho trabajo, lograron que sus generaciones disfrutasen de esa nueva interacción social.

Agradece a los abuelos chinos por tu smartphone

China es otro país que ha visto a personas moverse en masa hacia los centros urbanos, pero ello ha implicado un fenómeno único. La Oficina Nacional de Estadísticas de China descubrió en 2016 que su país tenía 277 millones de trabajadores migrantes rurales que se habían mudado de su lugar de nacimiento para trabajar en las principales ciudades.2

Lo diferente de este caso es que una gran cantidad de ellos fueron padres que se mudaron sin sus hijos. Decidieron dejar a sus hijos al cuidado de los abuelos para que ellos los criaran. Esto sucedió porque los padres se dieron cuenta de que así podrían trabajar más horas y recibir mejores salarios, sin tener hijos que cuidar. Todo el dinero obtenido fruto de su trabajo era enviado "de vuelta a casa" para que lo administraran los abuelos en la educación de los niños. Este estudio, asimismo, encontró que los abuelos que cuidaban a sus nietos mejoraron notablemente su salud física y emocional.

Esta disposición a dedicarse al cuidado de los nietos ha permitido un enorme impacto en el desarrollo económico de China, lo cual ha provisto de muchos trabajadores disponibles con el deseo de hacerlo por largas y duras jornadas. Todo este esfuerzo pensado para beneficiar a sus familias también ha servido para beneficiar al país.

Forrest Zhang, profesor asociado de Sociología en la Singapore Management University, dice que los abuelos "son la base no reconocida sobre la que descansa el éxito económico de China. No tendríamos a esos trabajadores migrantes construyendo estas grandes ciudades y fabricando iPhones en las fábricas sin la ayuda de estos abuelos".

Esto lo vemos frecuentemente a lo largo de la historia y en todos los países. La primera generación es sacrificada y pionera. La segunda generación construye sobre los

---
2 smu.edu.sg. Consultado: 16 de abril de 2020. https://www.smu.edu.sg/perspectives/2016/06/30/grandparents-silent-engine-behind-chinas-economic-growth

esfuerzos de sus padres. Pero es la tercera generación la que realmente cosecha el fruto de sus esfuerzos. La tercera generación es la que recibe la bendición.

Nosotros somos la generación de los sacrificados y los pioneros. Tenemos la capacidad de posicionar a nuestros hijos y nietos para el éxito, pero debemos pensar a largo plazo. Debemos pensar en aquellos que vienen mucho después de nosotros. Se trata de posicionar a nuestros hijos y nietos en el éxito, para que puedan continuar el legado en sus propios hijos y nietos. Estamos buscando crear una cadena con eslabones tan fuertes que nunca se rompa.

Pero no pueden hacerlo sin nosotros.

Hoy es el momento

¿De qué manera puedes bendecir hoy a tus futuras generaciones? Haciéndote cargo ahora, para que tus nietos no tengan que pagar más tarde un precio demasiado alto. Recuerda: las batallas que no llegas a pelear hoy, tus hijos tendrán que pelearlas mañana.

Si honramos el pasado, aprenderemos de él; pero en lugar de ser leales al pasado, seamos leales al futuro.

Para poder disfrutar del futuro, necesitamos hacer cosas hoy que a veces no nos resultan divertidas o no son glamorosas. Necesitamos pagar las cuentas, ser siempre puntuales, asegurarnos de que nuestros hijos hagan la tarea, levantar a las personas cuando fallan y caen. Es una vida comprometida con el presente, limpiando el camino para el buen futuro que nos espera por delante.

Como ya mencionamos, no había abuelos en la Tierra Prometida. Es muy triste leer este pasaje en Deuteronomio; allí Moisés relata al pueblo lo que Dios le dijo:

> «*Juró que nadie de esa generación viviría para ver las bondades de la tierra que había prometido a sus antepasados. Caleb (hijo de Jefone) es el único que, por haber confiado completamente en el Señor, recibirá, para él y sus descendientes, como heredad personal parte de la tierra sobre la cual había andado. Y el Señor también se enojó conmigo por causa del pueblo, y me dijo: "Tampoco tú entrarás en la Tierra prometida. Josué (el hijo de Nun), tu ayudante, guiará a tu pueblo hacia ella. Anímale mientras se prepara para tomar el mando. La tierra se la entregaré a la nueva generación, a aquellos que según sus padres iban a morir en el desierto y todos los pequeños quienes todavía no saben distinguir entre lo bueno y lo malo"*». Deuteronomio 1:35-39

Moisés debería haber entrado en la Tierra Prometida. Los israelitas que fueron liberados de la esclavitud deberían también haber entrado en la Tierra Prometida. ¡Qué tragedia que murieran sin haber visto lo que Dios deseaba entregarles y tenía preparado para ellos!

Debido a que esta generación tuvo miedo y se negó a ser responsable y luchar contra los gigantes, perdieron la oportunidad de entrar en la tierra donde fluye leche y miel, trasladando la responsabilidad de esas batallas a sus hijos.

En lugar de dejar un legado de victorias para sus hijos, dejaron pendientes una serie de batallas por pelear.

IDEA para pastores

Aunque los mundos de los abuelos y de los nietos sean diferentes, los abuelos son los que deben mantener la iniciativa, independientemente de las reacciones momentáneas de sus nietos, y es por eso que es bueno darles herramientas de conversación para mejorar su relación con ellos.

En muchas ocasiones, la clave de un buen dialogo está en hacer buenas preguntas. El hecho de que los abuelos den el primer paso, mostrando interés en lo que les interesa a sus nietos y haciendo buenas preguntas, será la puerta abierta para que estos se interesen por el mundo de sus abuelos, porque ellos necesitan conocer su historia y los pasos pioneros que dieron para sus familias. Invita a algún especialista y ofrece una buena conferencia para abuelos acerca de cómo entender mejor el mundo de sus nietos, y no descartes hacer lo opuesto, invitando a alguien a quien los adolescentes o niños quieran escuchar, y que el tema sea interesar a los nietos por sus abuelos.

Capítulo 5

Muéstrales cómo conocer a Dios

Toda persona que lleva algún tiempo en nuestra iglesia me ha escuchado cientos de veces hacer esta declaración que está en la Biblia: *"El hombre bueno deja herencia a sus nietos"*. (Proverbios 13:22).

Esto nos dice que no sabremos si eres una buena persona hasta que veamos a tus nietos. No podremos saber si fuiste un buen padre o una buena madre hasta que veamos cómo tus hijos educan a tus nietos.

La Biblia habla mucho del legado y de pensar en las generaciones que vienen. En 2 Timoteo 2:2, Pablo le escribe a Timoteo:

> *"Lo que me has oído decir en presencia de muchos, enséñalo a creyentes de confianza que, a su vez, lo puedan enseñar a otros"*.

En este versículo se habla de cuatro generaciones: vemos a Pablo (1ra. generación) hablándole a su hijo en la fe, Timoteo, (2da. generación) diciéndole que busque hombres de confianza (3ra. generación) que enseñen a otros hombres (4ta. generación).

En la Red de Hombres Cristianos, un movimiento a nivel mundial del cual yo, Robert, formo parte, tenemos un dicho basado en lo que dice este versículo de Timoteo y que se relaciona con las cuatro generaciones: "Enseña a enseñar a enseñar, hasta que todo hombre sea enseñado. Toda tu ciudad debe saber del Señor". Y como dijo Paul Cole, presidente Mundial de esta Red: "No solo estamos luchando por el corazón de nuestras familias, sino que, más importante aún, lo hacemos por el corazón de nuestros hijos, y por el de los hijos de ellos".

Es tiempo de volver a aprender los valores que la Biblia nos enseña, no solo para aprenderlos, sino para vivirlos y transmitirlos a la siguiente generación

Si queremos entregar a nuestros hijos y nietos un país mejor del que hemos recibido de nuestros padres, entonces es tiempo de hacer cambios; es tiempo de volver a aprender los valores que la Biblia nos enseña, no solo para aprenderlos, sino para vivirlos y transmitirlos a la siguiente generación.

> *Josué 1:1-6 (RVR1960):*
>
> *«Aconteció después de la muerte de Moisés, siervo de Jehová, que Jehová habló a Josué hijo de Nun, servidor de Moisés, diciendo: "Mi siervo Moisés ha muerto; ahora, pues, levántate y pasa este Jordán, tú y todo este pueblo, a la tierra que yo les doy a los hijos de Israel. Yo os he entregado, como lo había dicho a Moisés, todo lugar que pisare la planta de vuestro pie. Desde el desierto y el Líbano hasta el gran río Éufrates, toda la tierra de los heteos hasta el gran mar donde se pone el sol, será vuestro territorio. Nadie te podrá hacer frente en todos los días de tu vida; como estuve con Moisés, estaré contigo; no te dejaré, ni te desampararé. Esfuérzate y sé valiente"».*

Es curioso ver que el verso 2 de este pasaje comienza con una frase muy obvia: *"Mi siervo Moisés ha muerto"*. Moisés, el gran líder que liberó al pueblo de Israel de su esclavitud en Egipto, aquel que trajo la ley de Dios, aquel que hablaba con Dios cara a cara, había muerto. Imagínate a Josué preguntándose: "¿Y ahora qué vamos a hacer?

Moisés ha muerto, ¿qué vamos a hacer?". Pero en medio de su angustia, escucha la voz de Dios diciéndole en el verso 5: *"Así como estuve con Moisés, estaré contigo"*.

¿No te gustaría escuchar estas palabras? "No te preocupes, como estuve con Moisés estaré contigo". Ahora Josué tiene una promesa de Dios. Pero luego, en Jueces 2:10 vemos que después de Josué se levantó una generación que no conoció a Dios (qué verso más triste).

¿Quién puede desear que sus hijos y nietos crezcan en un país bendecido, pero sin Dios? La generación después de Josué creció bendecida porque Dios cumplió su promesa, pero sin conocer a ese Dios bondadoso.

==La generación después de Josué creció bendecida porque Dios cumplió su promesa, pero vivió sin conocer a ese Dios bondadoso==

¿Qué sucedió para que toda una generación no conociera a Dios?

Dios desea estar ahora, como lo estuvo ayer con nuestros abuelos

El primer obstáculo que Josué tenía que enfrentar, su primer reto como líder, era lograr el milagro de abrir las aguas del río Jordán. Yo me imagino a Josué diciendo: "Ya sé lo que tengo que hacer, he visto antes cómo Moisés abrió las aguas. Me pararé frente al pueblo, plantaré mi bastón en el suelo y el mar se abrirá". Entonces Josué va delante del pueblo, planta su bastón y... nada sucede. Avanza un par de pasos más, planta su bastón y... nada sucede. Repite lo mismo un par de veces hasta que sus pies y los de los sacerdotes atrás de él están mojados, entonces recién se abren las aguas.

Josué sí abrió las aguas del río Jordán, pero tuvo que mojarse los pies.

Josué no hizo los mismos milagros que hizo Moisés y Moisés nunca vio los milagros que vio Josué. Moisés nunca vio las murallas caer, ni el sol detenerse. Y Josué nunca vio el dedo de Dios escribiendo sobre la piedra, ni la zarza que ardía.

Cuando Dios le dice "como estuve con Moisés estaré contigo", lo que Dios le está diciendo es "no intentes copiar a Moisés porque tú no eres Moisés; tú eres Josué y tu generación es diferente a la de él".

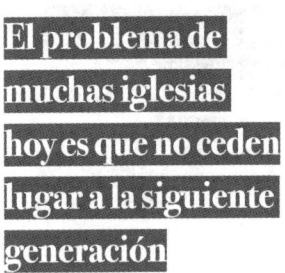

El problema de muchas iglesias hoy es que no ceden lugar a la siguiente generación.

Cada uno de nosotros tuvo un Moisés en el pasado, y tratamos de imitar lo que ese líder hizo o nos enseñó. Es por eso que Dios le anuncia a Josué: Moisés ha muerto. Fue grandioso lo que Dios hizo, fue glorioso cómo Dios se movió en su liderazgo, pero fue para aquella generación. Dios tenía algo nuevo para la siguiente generación.

Por eso, no estemos tan preocupados en entregar como herencia a nuestros hijos nuestras propiedades, vestimenta, música, costumbres o cultura, pues existe algo más valioso, un legado más poderoso para dejar como herencia a nuestros hijos: son los valores, principios y enseñanzas que Dios nos ha revelado a través del tiempo en su Palabra y que debemos dejar sembrado en el corazón de nuestros hijos.

Recuerda que Dios nos dice en la Biblia: "Como estuve con Moisés, estaré contigo". Estas palabras que fueron dichas a Josué, también aplican hoy para ti y para mí. Siguen siendo iguales y diferentes a la vez. Iguales, porque se sigue tratando de la presencia de Dios, pero diferentes porque la historia de tus padres no es como la tuya y tu historia no es como la de tus hijos.

Enséñales responsabilidad

Hay un ciclo negativo que se puede repetir por muchas generaciones, aquel donde los abuelos sufren sacrificios, los hijos trabajan duro y los nietos disfrutan de las riquezas obtenidas, las cuales malgastan y pierden, para luego empezar el ciclo una vez más. Ten cuidado con este ciclo y enseña responsabilidad a tus hijos y nietos.

Nunca subestimes el impacto que puedes tener en las generaciones futuras. Sé el hombre o la mujer ancla que tu familia necesita.

En el libro *Anchor man* (El hombre ancla), Steve Farrar habla de cómo un padre pudo influenciar durante cien años en el futuro a su familia.

La idea de un "hombre ancla" salió de Deuteronomio (personalmente creo que es la Gran Comisión del Antiguo Testamento). Deuteronomio fue escrito para los hombres de Israel. En el verso 1 del capítulo 6, Moisés le dice al pueblo:

> *"El Señor su Dios me ha pedido que les dé estos mandamientos, para que los obedezcan*

> *en la tierra a la que pronto entrarán y en la cual vivirán"*. Deuteronomio 6:1

Ellos se estaban preparando para ir a la Tierra Prometida. Y luego agrega en el verso 2:

> *"El propósito es que ustedes, sus hijos y nietos, obedezcan al Señor su Dios en todo".* Deuteronomio 6:2

Seguramente la mayoría de nosotros pensamos: "Mi trabajo solo se trata de criar a mis hijos", pero, según Deuteronomio, creo que lo que estamos entendiendo es que no solo se trata de nuestros hijos, sino también de los hijos de ellos. Entonces, esto se trata de ti, de tus hijos y de tus nietos.

En su libro, Farrar cuenta que cuando tenía siete años su papá y él viajaron en el U.S.S. Shangri La, que era el portaaviones más grande del mundo en ese momento. La cubierta de vuelo tenía mil ochocientos metros cuadrados y estaba atracada en la bahía de San Diego con seis mil hombres. Cuando se pararon frente a esa gigantesca nave vieron una gran cadena saliendo por el costado. Se quedaron perplejos: esa cadena tenía una longitud equivalente a cuatro canchas y media de fútbol y por sí sola pesaba más de trescientas toneladas. Al final de esta cadena se hallaba un ancla que pesaba veintisiete toneladas aproximadamente. ¡Y había dos de ellas!

¿Por qué anclaron este portaaviones en la Bahía de San Diego? Porque nadie quería que ese gran barco se fuera a la deriva. Los portaaviones a la deriva hacen mucho daño. Una genealogía es como una cadena familiar. Hoy en día tenemos familias a la deriva, las cuales hacen todo tipo de daños.

> **Cuando una persona se ancla en Cristo su familia encuentra el rumbo aun si esta ha estado naufragando durante diez generaciones**

Las familias a la deriva no tienen liderazgo, no tienen dirección. Por eso, la idea de un "hombre ancla" es que toda familia necesita a alguien, en algún lugar de su cadena familiar, que esté anclado en Jesucristo. Cuando una persona se ancla en Cristo su familia encuentra el rumbo aun si esta ha estado naufragando durante diez generaciones.

Entonces, ¿cómo guío una familia durante cien años? Siguiendo a Cristo con todo mi corazón hoy.

Piensa en ello como una carrera de relevos.

La primera generación de creyentes es como la de los hijos de Israel que huyeron de Egipto, cruzaron el río Jordán y vieron caer el maná del cielo. La segunda generación "conocía al Señor, pero ellos no se cansaron" como los anteriores. La tercera generación disputa o niega la fe cristiana por completo.

Nuestras generaciones

Mi padre (habla Robert) nació en 1932, mi abuelo en 1902 y mi bisabuelo en 1870. Mi bisabuelo probablemente me vio cuando era un bebé. Me pregunto si mientras me abrazaba, pensó en el legado que estaba creando. Me pregunto si alguna vez se imaginó la existencia de sus tataranietos, que son mis hijos, Taylor y Jenna, o sus hijos, que son sus cuadrinietos o choznos.

Hagamos esto más personal y retrocedamos tres generaciones en tu pasado. ¿Cuándo nacieron tus padres? ¿Cuándo nacieron tus abuelos? ¿Cuándo nacieron sus bisabuelos? Muy probablemente, tus bisabuelos (cuatro generaciones pasadas) nacieron hace aproximadamente ciento veinte o ciento cincuenta años. Entonces, las decisiones que tomaron en ese entonces tuvieron consecuencias ciento cincuenta años después, en el presente en el que estamos viviendo ahora.

Una de las mayores alegrías es ver a nuestros hijos ser padres. Allí empezamos a ver la influencia que tuvimos en ellos

Una de las mayores alegrías es ver a nuestros hijos ser padres. Allí empezamos a ver la influencia que tuvimos en ellos.

IDEA para pastores

Ayuda a los abuelos a compartir en público su testimonio. Lo puedes hacer a través de breves entrevistas llevadas a cabo una vez al mes, o al menos tener tres o cuatro entrevistas durante seis meses; ese puede ser tu sermón. Asegúrate de que sean cortas y precisas, haciendo a los abuelos tres preguntas que deberán responder, y diciéndoles que agregarás después alguna pregunta aclaratoria o chistosa, pero que volverás a las tres primeras como usándolas como guía.

El hecho de que cuenten su testimonio en público inspirará a toda la iglesia, los hará sentir valiosos a ellos y tendrá un gran impacto en sus nietos.

Capítulo 6

Pequeños pasos para ser una gran bendición

Muy a menudo son las pequeñas zorras las que estropean la vid, como dijo el rey Salomón en Cantares 2:15. Son las cosas pequeñas las que estropean una relación. Al final, esas pequeñas cosas se convierten en algo muy grande. Y esto no se da solo en una relación matrimonial, sino también en las relaciones con nuestros hijos y nietos.

Pero, así como las pequeñas cosas malas pueden arruinar una relación, también las pequeñas buenas cosas que hacemos a lo largo del tiempo son las que pueden ir construyendo una base sólida para una gran relación.

> Así como las pequeñas cosas malas pueden arruinar una relación, las pequeñas cosas buenas pueden ir construyendo una base sólida

Como abuelos, te proponemos algunas pequeñas cosas que podemos hacer y otras que deberíamos evitar, con el objetivo de cultivar una relación fructífera con nuestros hijos y nietos.

1. *Nuestras opiniones no siempre serán bienvenidas.* Nuestros hijos algún día tendrán que interpretar el rol de padres. Cuando ese tiempo llegue, el principal trabajo consistirá en asistirlos y ayudarlos a ser buenos padres, pero ellos no siempre pedirán nuestras opiniones y eso está bien.

2. *Un nieto no es un hijo.* Es el hijo de nuestro hijo. Apoyémoslos y ayudémoslos cuando nos necesiten.

3. *Está bien consentir a los nietos de vez en cuando, pero avísenles a sus padres antes de hacerlo.* No siempre un pastel de chocolate para el desayuno es lo más conveniente, aunque podremos hacerlo de vez en cuando para ganarnos el corazón de los nietos.

4. *Nunca permitas enfrentamientos entre los abuelos paternos y maternos.* Nunca obligues a tus hijos o nietos a tener que elegir entre sus dos pares de abuelos (si es que los tienen). Como es lógico, cada pareja de abuelos tendrá opiniones diferentes, y las opiniones de ambos son importantes para crear la nueva familia. Recuerda lo que Dios dijo: "Por esta causa dejarán a su padre y a su madre". Hay una madre y un padre en ambos lados.

5. *Disfruta la alegría de ver a tus hijos convertirse en padres.* Nosotros descubrimos que nuestros hijos son mejores padres que nosotros, aunque claro que tenemos el gozo de saber que construyeron sobre la base de lo que les enseñamos, como la fe y el amor al Señor. También construyeron sus familias con sus propias experiencias y se han convertido en excelentes padres.

6. *Muestra amor incondicional y apoyo.* No es tu responsabilidad, pero puedes estar allí cuando te necesiten, lo cual puede no ser tan frecuentemente como desearías que fuera o debiera ser.

7. *Llegarás a ser el abuelo divertido*, el que a veces se comporta como tonto por el placer de ver reír a los nietos.

8. *Disfruta del vínculo.* La relación entre abuelos y nietos es única si lo haces bien. A los nietos les encantará estar contigo. Puedes divertirte con ellos, consentirlos lo suficiente y contarles historias que les hagan recordar de dónde vinieron.

El regalo de un buen nombre

El mejor regalo que un hombre puede darle a su familia es un buen nombre. El mayor regalo que una mujer puede darle a su esposo es el respeto. A menudo, las mujeres escuchan el versículo: "Esposas, sométanse a sus esposos como al Señor", y los esposos escuchan "Esposos, amen a sus esposas". Estas declaraciones inquietan a ambos, pero ¿cuál es la diferencia entre someterse y respetar? Una mujer nunca podría someterse a un hombre que no respeta. Entonces, hombres, el mejor regalo que le pueden dar a su familia y a ustedes mismos es un buen nombre. Un nombre que inspire respeto.

La Biblia dice en el Salmo 138:2 que Dios ha puesto su Palabra sobre su nombre: *"Porque has exaltado tu nombre y tu palabra por sobre todas las cosas"*. Piensa en esto por un momento. Su nombre –Jehová, Dios Todopoderoso y omnipresente– es alto y su Palabra es aún más alta. La Biblia también dice que a Jesús se le ha dado un nombre que es más alto y está por encima de cualquier otro nombre. Ante ese nombre, cada rodilla se doblará y cada lengua confesará que Jesucristo es el Señor. El nombre sobre todos los nombres y, sin embargo, Él dice que su Palabra es aún más alta que su nombre.

¿Por qué pasa esto? Porque aquí hay un principio involucrado en estos versos. Tu nombre es tan bueno como tu palabra.

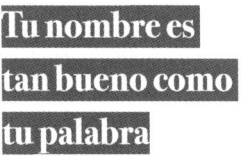
Tu nombre es tan bueno como tu palabra

Vamos a dar un ejemplo. Digamos que un hombre se acerca a su esposa y le dice: "¡Mi amor, nuestro aniversario se acerca! Me gustaría llevarte a cenar a un lugar especial". Ella inmediatamente se emociona ante la idea de ser llevada a una cena íntima, donde solo estén ellos dos y puedan hablar toda la noche. Ella le cree. Ella toma su palabra.

Pero resulta que, horas antes de esa cena, el jefe del esposo lo llama y le dice que necesita que vaya a la oficina para realizar un trabajo especial en ese momento. Entonces él se pone a pensar: "Puedo ganar algo de dinero extra o puedo gastar dinero y llevar a mi esposa a cenar". Y resuelve ir a trabajar.

Entonces llama a su esposa y le dice: "Lo siento mucho. No podré llegar. Tengo que trabajar esta noche. Pero te lo compensaré. En lugar de cenar, tengamos un fin de semana romántico juntos, solos nosotros dos. Vayámonos a ese pequeño y agradable resort en la playa". Y ella piensa: "¡Eso no está mal! Un fin de semana en la playa es mejor que solo una comida. ¡Lo tendré todo un fin de semana para mí!".

Pero luego, cuando se acerca el fin de semana programado, algunos amigos lo llaman y le dicen: "¡Tenemos entradas para el gran juego! Es el partido del año, la gran final, y tenemos reservados lugares especiales". El único problema es que justo cae el mismo fin de semana que le había prometido a su esposa.

Entonces, llama a su esposa y le dice: "He estado queriendo ir a este juego desde siempre, mi equipo estará en el partido final, y mi amigo realmente consiguió los boletos. No sé cuándo volverá a suceder algo igual, así que siento que tengo ir. ¡Pero te lo compensaré! Nos escaparemos durante una semana entera, solos nosotros dos".

Cuando no cumplimos nuestra palabra en un área de nuestra vida, a menudo esto comienza a extenderse a otras áreas. Después de un tiempo, si esto sigue sucediendo, ¿qué pasa con tu palabra? Ya no será confiable, y continuarás haciendo promesas que no podrás cumplir. Tu nombre ya no será confiable. Muy pronto, la gente comenzará a decir: "No puedes confiar en lo que dice. Promete, pero no cumple". Por eso el nombre es tan bueno como su palabra.

Uno de los mejores regalos que podemos darle a nuestra familia es mantener nuestras promesas. Debemos procurar cumplir nuestras promesas sin importar lo que pase.

> Uno de los mejores regalos que podemos darle a nuestra familia es cumplir nuestras promesas

Cuando un niño se levanta temprano el sábado por la mañana, se pone su camiseta de fútbol, toma su pelota y espera en la puerta a su padre para ir a jugar, pero luego su padre entra y dice avergonzado: "¡Oh no, lo olvidé!", eso es más que una promesa rota para el hijo: es una mentira. Y muy pronto, si la conducta del padre no cambia, su hijo tampoco creerá en su palabra.

El mejor regalo que se le puede dar a un hijo es cumplir con las promesas que se le hace. Nos debemos convertir en lo que llamamos "un guardián de promesas". Debemos dar a nuestra familia el regalo de un buen nombre.

IDEA para pastores

Los abuelos suelen tener sus oídos atentos y son además consejeros o consultores frecuentes de sus hijos, así que no está de más compartir con ellos técnicas para ser mejores en esas artes. Invita a algún especialista en psicología o consigue algún hermano experimentado en terapia familiar o consejería pastoral para que les brinde una serie de talleres de consejería y resolución de conflictos. ¡Claro que sí! Mientras haya personas habrá conflictos, y ese es un excelente tema para los abuelos, ya que muchas veces tendrán que hacer de mediadores y árbitros en discusiones familiares, o al menos deberán darles a sus hijos consejos para que puedan resolverlas.

Capítulo 7

Se necesita una comunidad para criar a un niño

Capítulo 7 - Se necesita una comunidad para criar a un niño

En este capítulo te hablo yo, Robert, porque deseo contarte algunas experiencias personales.

Hay un dicho muy conocido que dice: "Se necesita una tribu para criar una familia". Esto es porque tú no eres la única influencia en la vida de tus hijos. Mi amigo Lucas Leys insiste en decirles a los padres que siempre serán la principal influencia en la vida de sus hijos pero eso no significa que serán la única influencia positiva que ellos necesitan. La familia directa, los amigos, los vecinos, la escuela a la que asisten y la comunidad alrededor también tienen una gran influencia en la formación de un niño y más aún si son intencionales.

Tú no eres la única influencia en la vida de tus hijos

Por eso amo a la Iglesia. Cada iglesia local es una gran comunidad, una familia. Aunque no es perfecta, en ella se pueden encontrar personas que tienen los mismos valores y que ponen a Dios en el centro de sus vidas.

Como mencioné páginas atrás, crecí sin conocer a mi padre. De hecho, lo vi por primera vez cuando tenía treinta años. Como mi madre fue una mamá soltera, tenía que ser mamá y papá a la vez. Ella crio a mis hermanos y a mí con sus ingresos de enfermera, así que crecimos con muy poco dinero y recursos. Mi madre trabajó tantos turnos adicionales como pudo, para tratar de mantenernos, y como resultado de eso, no la veíamos con mucha frecuencia. Estoy muy agradecido por los sacrificios que hizo por nosotros. Considero a mi madre como una heroína. Como cualquier niño, desearía haber tenido más tiempo con ella mientras crecía. Desearía haberla conocido más, pero entiendo que estaba haciendo todo lo posible por criarnos y estoy muy agradecido por ello. No sería quien soy hoy sin los sacrificios que ella hizo por mí.

De mi madre aprendí mi ética en el trabajo y el compromiso de cuidar a mis hijos. Sin embargo, con ella trabajando tantas horas y sin un padre presente en mi vida, no tenía un ejemplo bueno y visible de cómo criar adecuadamente a mis hijos. Tampoco mis abuelos estaban cerca para poder llenar ese vacío de padres. Como no tenía el ejemplo a seguir de un buen padre, y no sabía cómo era realmente una familia sana, aprendí a ser un buen padre en la iglesia. Karyn también tuvo una educación difícil y, al igual que yo, necesitaba de buenos ejemplos para llegar a convertirnos en los grandes padres que deseábamos ser.

Debido a lo que aprendimos en la iglesia sobre la crianza de los niños, nuestros hijos nunca tuvieron que sufrir las cosas que nosotros sufrimos. Ellos nunca han tenido que preguntarse si eran queridos o amados, o si serían atendidos. Pudimos darles este regalo por lo que aprendimos y vimos en nuestra iglesia local, y me siento muy agradecido por eso.

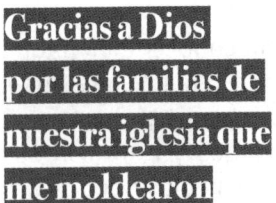

Gracias a Dios por la Iglesia, y gracias a Dios por las familias de nuestra iglesia que me moldearon. Cuántas buenas familias pude observar sin que ellas supieran que las estaba mirando.

Los caballeros modernos

Recuerdo que un día estaba en la oficina de un pastor amigo hojeando algunos de los libros de su estante, y tomé uno titulado *Criando a un caballero moderno*. Mientras revisaba sus páginas, llegué a una parte que me llamó la atención. Se trataba de los ritos importantes y necesarios que las diferentes culturas y civilizaciones han creído y practicado a través del tiempo, para marcar y celebrar el paso de la niñez hacia la hombría.

Esto me llamó especialmente la atención porque mi hijo Taylor estaba a punto de graduarse de la escuela secundaria y recientemente habíamos realizado una ceremonia con mi hija, celebrando la madurez a la estaba entrando al convertirse en una mujer.

En aquel entonces llevábamos viviendo muchos años en Perú, y doy gracias a Dios por la influencia de la cultura latina en nuestra familia. Durante ese tiempo participamos en algunos eventos culturales que no son tradicionales en mi país natal, los Estados Unidos.

Una de estas costumbres, que es muy importante en la vida de cada mujer, es su quinceañero o cumpleaños de quince. Se dice que hay tres días que son importantes en la vida de toda mujer en América Latina: el primero de ellos es cuando se celebra su paso a la madurez con una fiesta al llegar a los quince años, el segundo es el día en que se casa y el tercero es el día en que da a luz a su primer hijo.

Cuando nos mudamos a Perú, nuestra hija Jenna solo tenía un año, por lo que todos sus recuerdos, sus amigos y sus experiencias están arraigados allí. Todavía recuerdo cuando estaba a punto de cumplir quince años y le pregunté qué le gustaría hacer para celebrarlo. Ella respondió: "Quiero tener un quinceañero con todos mis amigos".

Entonces invitamos a sus amigos y a los jóvenes de la iglesia a nuestra casa. Unos días antes le compramos un hermoso vestido y zapatos que hacían juego. Por fin, cuando llegó el día de su cumpleaños, temprano por la mañana Karyn llevó a Jenna al salón de belleza, donde le hicieron las uñas, un peinado especial para ese día y todo el maquillaje. Cuando llegó a casa, subió a su habitación para terminar de arreglarse. Cuando se acercaba la hora de la fiesta, los jóvenes empezaron a llegar, uno tras otro, todos vestidos para la ocasión. En ese momento me di cuenta de que ese iba a ser un gran día.

Llegada la hora, Karyn se me acercó y me dijo: "Tu hija está lista". En Perú se acostumbra que el padre vaya a la habitación de su hija, la acompañe y la presente a los invitados que esperan y pronuncie un discurso. Así que fui a su habitación, llamé a su puerta y cuando la vi me conmovió lo hermosa que estaba. Recuerdo haber pensado: ¿A dónde se han ido los días? ¿A dónde se han ido todos estos años? ¿Cómo ha pasado el tiempo tan rápido?

Allí estaba, mirando a esta hermosa joven delante de mí, y ella me dijo: "Papá, estoy lista". Le dije: "Espera un momento. Déjame mirarte". Ella me dijo: "No, papi, estoy lista". Le dije: "No, solo un minuto. ¿Alguna vez te dije lo orgulloso que estoy de ti?". Ella dijo tímidamente: "Oh, papi". E insistí: "Es verdad. ¿Sabes lo hermosa que creo que eres? ¿Lo contento estoy de que seas mi pequeña?". Pude ver una lágrima brotando de sus ojos, y ella me dijo: "Papá, realmente necesito bajar". Le respondí: "Primero necesito darte un abrazo de papá". Y luego de abrazarla, finalmente la dejé tomar mi brazo y bajamos por las escaleras.

Todavía recuerdo haber visto a todos estos jóvenes mirando a mi hija, y a ella mirándolos. ¡Uff, qué momento! Entonces inicié mi discurso con esta declaración: "Puedes llamarme Robert, puedes llamarme pastor, pero por favor, que nadie aquí me llame suegro. ¡Aún no!".

Luego hice la declaración más importante de mi discurso. "Esta es mi hija. Hoy tiene quince años. Hoy ya no es una niña. Hoy es una mujer". Inmediatamente después de hacer esa declaración, noté un cambio en Jenna. Ella ya no era esa niña. Ella ahora era una mujer.

Si una niña en Latinoamérica es una mujer cuando tiene quince años, ¿a qué edad un niño se convierte en hombre? ¿A qué edad ocurre este paso a la hombría? Habiendo crecido sin entender nada de esto, me preguntaba por mi hijo: "¿Qué puedo hacer?"

Antiguamente, a los nueve años, los niños judíos eran presentados ante los sacerdotes para ser entrenados en sus vidas. Estos jóvenes recibían enseñanzas y estudiaban durante cuatro años. Luego, al llegar su decimotercer cumpleaños, se realizaba una gran ceremonia llamada "bar mitzvah". En esta ceremonia los padres llevaban a sus hijos ante los sacerdotes, quienes pronunciaban estas palabras sobre ellos: "Hoy ya no eres un niño. Hoy eres un hombre".

Al mirar a mi hijo cuando estaba a punto de graduarse de la escuela secundaria y recordar lo que habíamos hecho por nuestra hija, tomé una idea de *Criando a un caballero moderno*. Como soy cristiano de primera generación, sabía que quería dejar un legado a mi familia, a mi hijo, a mi hija. Entonces decidí crear un escudo familiar. No se basó en ninguna investigación histórica de nuestro apellido; fue simplemente un escudo que creé y que expresaba los valores que sostiene nuestra familia y el legado que queremos dejar.

Tomé una hoja de papel y empecé a bosquejar lo que tenía en mi corazón. Dibujé estos símbolos que para mí eran importantes: una corona, la torre de un castillo y una espada. Estos símbolos formaban parte de un escudo, el cual estaba puesto sobre el pecho de un águila.

Llegó el día en que Taylor se graduó de la escuela secundaria. Lo llevé a un restaurante, puse una servilleta frente a nosotros y le dije: "Taylor, porque soy un cristiano de primera generación, el primer cristiano de la familia, he creado un escudo que te voy a transmitir, y deseo que algún día en el futuro lo transmitas a tus hijos. Este es nuestro escudo familiar".

Tomé un bolígrafo y comencé a dibujar en la servilleta. "La primera parte del escudo es una corona". Recuerdo haberlo mirado y decir: "Un día, esas mismas manos que fueron clavadas en la cruz, esas mismas manos con heridas que Jesús mostró a los discípulos... esas mismas manos, dice la Biblia, un día te pondrán una corona en la cabeza. Es increíble saber que Dios honrará todo lo que hagas". Y agregué: "Taylor, de ahora en adelante, cada vez que veas esta corona en nuestro escudo, recuerda vivir tu vida sintiéndote digno de ella, la cual un día recibirás".

Luego dibujé la siguiente parte del escudo: la torre. Y le dije: "Jesús, nuestro Dios, es una torre fuerte. Taylor, la vida es dura. Y quiero que sepas que habrá momentos en que la vida se pondrá difícil; en esos momentos, recuerda que nunca debes huir de Dios; por el contrario, corre hacia Él, corre hacia esa torre y nunca te alejes de ella. Él te protegerá. Entonces, cada vez que veas la torre en nuestro escudo, deja que sea un recordatorio de que Dios es nuestra torre fuerte".

Luego dibujé la tercera parte del escudo, la espada. La espada representa la verdad. Le dije a Taylor: "Siempre vive tu vida con la verdad. La mentira te traicionará. Que la mentira nunca forme parte de tu vida; vive tu vida en la verdad. Jesucristo es el camino, la verdad y la vida. El diablo quiso destruir la verdad, pero esa verdad al tercer día resucitó. Si vives tu vida en la verdad, la verdad siempre te protegerá. Esta es la espada de la verdad".

Y, por último, dibujé un águila. "Cuando veas el águila –le dije–, recuerda esto: los líderes son como las águilas, vuelan solos, y siempre lo hacen sobre las tormentas. No somos como pollos o pavos, caminando sobre la tierra, somos como águilas. Estamos llamados a liderar. Así que vuela como un águila".

Cuando terminé el dibujo y la explicación, vi lágrimas en los ojos de Taylor. Él simplemente dijo: "Papá, esto es hermoso. Gracias".

Pero yo tenía una sorpresa más para él. Había tomado el dibujo y lo había grabado en un anillo. Saqué el anillo, se lo entregué a Taylor y le dije: "Espero que algún día puedas pasar este escudo a tus hijos". Para ese momento, él y yo estábamos llorando en el restaurante.

Esa era la idea. Crear un legado. Pensar a largo plazo. No estamos aquí solo para criar a nuestros hijos y llevarlos de la primaria a la secundaria y luego a la universidad. Pensemos generacionalmente, porque Dios piensa generacionalmente.

Todavía tengo el molde de ese anillo. Cuando Jenna se graduó de la escuela secundaria, tuve el mismo momento con ella y le di su anillo. También le he dado un anillo similar al esposo de Jenna y a la esposa de Taylor. Y espero con ansias el día que sea el turno de darles este mismo anillo a sus hijos.

Yo te animo con todo mi corazón a que pienses no solo en tus hijos o nietos, sino que establezcas desde hoy los valores que describen quién eres, en qué crees tú y tu familia, para que las generaciones futuras sean guiadas y crezcan sobre estos principios.

> **Como abuelos debemos pensar a largo plazo. Una persona que quiere dejar un legado piensa generacionalmente**

Como abuelos debemos pensar a largo plazo. Una persona que quiere dejar un legado piensa generacionalmente.

Mi padre murió joven por el abuso que hizo de su cuerpo, por beber alcohol y llevar una vida desordenada. A esta altura de mi vida, ya he vivido más años que mi padre porque decidí tomar decisiones diferentes a las que él tomó. Las decisiones que tomé se basaron en lo que aprendí de la hermosa comunidad que me rodeó, la iglesia. Fue la iglesia la que me abrazó y donde me sentí parte de una familia, esa familia que encontré y que llenó los vacíos que tenía dentro de mí. La gran noticia es que tú eres parte de la Iglesia con mayúscula, y por eso tienes este libro en tus manos, aunque también debes ser parte de una con minúscula, es decir, de una iglesia local, y quiero animarte a que te pongas a disposición de sus líderes para ayudar a otros padres a dejar un buen nombre y fortalecer la comunidad cercana que las nuevas generaciones necesitan.

Cuando en tu comunidad local haya celebraciones como fiestas de quince y bodas, asegúrate de que los abuelos no queden olvidados. Las nuevas generaciones necesitan verlos, y ellos necesitan ser vistos. Si te toca hablar en una de estas fiestas, asegúrate de que al menos un abuelo haga una oración de bendición por la familia.

Capítulo 8

Padres ausentes

La Biblia dice en Malaquías, en su último verso:

"Él hará volver el corazón de los padres hacia los hijos, y el corazón de los hijos hacia los padres, no sea que yo venga y hiera la tierra con maldición". Malaquías 4:6 (RVR1960)

Este es el último verso de todo el Antiguo Testamento y habla sobre una profecía de Jesús, en la que dice que Él hará volver el corazón de los padres hacia los hijos, y el corazón de los hijos hacia los padres; de lo contrario herirá la tierra con una maldición.

Es interesante esta última parte acerca de una maldición sobre la Tierra. Si prestamos atención, la Biblia dice que una de las cosas que Jesús hará será hacer volver el corazón de los padres a los hijos, y aquí podemos ver claramente cómo es que Jesús sería usado por Dios para unir diferentes generaciones.

Hay estudios que demuestran que los niños que crecen en una familia sana, es decir, con abuelos y padres en casa; una casa donde papá está siempre presente y cumple su rol de proveer todo lo que el muchacho necesita; una casa donde mamá es demostrativa y está atenta a sus necesidades; en esa familia, los hijos crecerán con una seguridad muy fuerte y una identidad bien definida.

Es triste ver que hoy en día hay una gran cantidad de jóvenes que no crecen en la comunidad de una familia sana, porque sus padres están separados o ausentes de la crianza de los hijos, tanto física como espiritualmente, y creemos que a esto se refiere la Biblia en Malaquías cuando menciona la existencia de una maldición.

Las estadísticas lo comprueban: cuando el padre está en la casa, el porcentaje de adicción a las drogas es bajo o casi nulo; el porcentaje de abandono de los estudios es bajo, es decir, cuando el padre está en casa, los hijos estudian y rinden más, y el porcentaje de embarazos de jovencitas se reduce drásticamente.

En otras palabras, cuando hay una familia sana, los hijos no tienen que ver ni sufrir la maldición de la drogadicción, no tienen que pasar por los divorcios de sus padres, ni por embarazos no deseados o abandonar los estudios. Cuando papi está en casa, los hijos crecen bendecidos. Estos son solo algunos ejemplos de una realidad que nos golpea en la cara y que entristece nuestro corazón.

En la actualidad, muchos menores crecen en familias divididas en donde los abusos son una constante. Esos niños, que pronto se convertirán en jóvenes, crecen bajo una maldición que definitivamente no viene de parte de Dios, sino que simplemente es producto de un vacío generado por la falta de una paternidad responsable, que surge de la inseguridad heredada por esos mismos padres.

Conocemos a muchos jóvenes que han crecido en un hogar donde ha existido el abuso constante en casa. Estos jóvenes son víctimas de crecer en una familia rota; son víctimas de las palabras duras y carentes de amor, del abuso físico dentro de la casa, que a veces puede ser verbal o incluso, tristemente, llega hasta a ser sexual, y es así que las jovencitas tienen que pasar por experiencias que ninguna niña debería vivir. Este sufrimiento muchas veces viene del interior mismo de su casa, de ese lugar en donde se supone que deberían recibir protección y seguridad. Pero, lejos de eso, un gran porcentaje de niñas son abusadas por los parientes más cercanos, trayendo así este terrible dolor a sus vidas.

Cuando el padre está ausente en el hogar, se generan víctimas, y hoy podemos ver que este número de víctimas sigue en aumento. Cuántas veces hemos tenido que escuchar en la iglesia a jóvenes decir: "Bueno, yo soy así porque mi padre me trataba así, yo soy así porque me dijeron esto, yo soy así porque sufrí este abuso". Todos ellos son víctimas; también hay víctimas producto de guerras, del hambre, de las pandemias.

Para nadie es agradable ser una víctima; sin embargo, existe demasiada gente que se quedó atrapada y en cautiverio, sin los recursos para escapar de esa condición por no conocer la libertad que existe en Cristo, y ahora son víctimas de su propia tragedia.

Mentalidad de víctima

Lo hermoso del amor de Dios es que, cuando uno está en Cristo, nueva criatura es (2 Corintios 5:17).

En otras palabras, ya no tenemos que permanecer siendo víctimas, podemos llegar a tener una victoria sobre cada área de nuestra vida, en vez de vivir como víctimas de las circunstancias. Cada día tenemos nuevas oportunidades en Dios, que es nuestro Protector.

Podemos llegar a tener una victoria sobre cada área de nuestra vida en vez de vivir como víctimas de las circunstancias

Esta verdad hace que nuestro corazón salte de alegría y nos impulsa a encontrar la mejor forma para poder ayudarlos, porque ya sufrieron demasiado. La única verdad que importa es la que dice la Palabra de Dios, que nos indica que el único que puede traer libertad frente a ese sufrimiento es Jesús.

> "El Espíritu del Señor está sobre mí, porque me ha ungido para dar buenas noticias a los pobres. Me ha enviado para anunciar libertad a los presos y dar vista a los ciegos, para poner en libertad a los oprimidos". Lucas 4:18

En mi casa (habla Robert) nunca sobraba el dinero y no tenía los juguetes que otros niños tenían. Debido a un defecto en mi corazón, que requería cirugía, ni siquiera podía jugar con ellos en los recreos y crecí siendo rechazado por los otros niños. Yo diría que tenía toda la autoridad y hasta el derecho para decir que era una víctima de las circunstancias y de esa manera justificar un comportamiento rebelde.

Yo, Karyn, crecí con un padre abusivo. Era un hombre grande y alto, con unas manos gigantes, y recibí otro tipo de abuso que es el maltrato físico. Tanto, que mis hermanos y yo sentíamos mucho miedo cuando nuestro padre llegaba a casa.

Sin embargo, gracias a Dios, ninguno de los dos nos sentimos víctimas por las cosas que sucedieron en nuestra niñez. Hoy nos sentimos agradecidos por lo que Jesús ha hecho en nuestras vidas y por lo que aún continúa haciendo.

Es a través de la iglesia que hemos aprendido una mejor manera de vivir y a disfrutar de la vida. No hemos atado nuestra vida a las circunstancias tristes de nuestro pasado, hemos peleado nuestras propias batallas perdonando y sacando de nuestro corazón cualquier dolor, rencor o sentimiento de víctima que hayamos podido tener; todo se lo hemos entregado a Dios y esto trajo como fruto una nueva y mejor vida, no solo para nosotros sino también para nuestros hijos y nietos.

Hay hijos que crecen en un hogar donde el padre es abusivo y odian el abuso, pero la tendencia es que ellos también abusen de sus hijos, repitiendo el ciclo una y otra vez. Los hijos que crecen con padres alcohólicos odian cuando estos llegan a casa borrachos, pero cuando son mayores de edad y tienen sus propios hijos, repiten el ciclo, y ellos mismos son los que llegan borrachos a su hogar. La verdad es que no creemos en la maldición generacional, pero sí en las decisiones generacionales.

> No creemos en la maldición generacional, pero sí en las decisiones generacionales

Debo reconocer que cuando era más joven (soy Robert) tuve envidia de la vida de muchas familias y de otros jóvenes de mi edad, que tenían diferentes historias porque provenían de familias donde papá y mamá vivían unidos. Yo me decía: ¿por qué ellos tuvieron una buena vida? Estos jóvenes habían crecido en hogares sanos y yo no. Luego, con el tiempo, comencé a pensar que yo también podía tener una familia como la de ellos, comencé a creer que yo también podía construir una familia similar, un hogar donde mis hijos pudieran crecer alejados de todo sufrimiento, para que ese ciclo de dolor se rompiera.

Así fue que empecé a observar a esas familias para aprender e imitar lo que hacían, y tomé decisiones diferentes a la de mi padre: decidí seguir a Cristo y decidí que mis hijos nunca pasarían por una situación similar a la que yo pasé. Otra decisión que tuve que tomar fue la de perdonar a mi padre y pude comprobar que al tomar decisiones correctas la bendición de Dios alcanzó a los que yo amo.

Hoy, que tengo mis hijos, puedo decir que ellos no tuvieron que sufrir lo que sufrimos Karyn y yo. ¿Por qué? Porque entendimos que la verdadera maldición es crecer en un hogar sin los padres en casa.

Dios quiere hacer volver el corazón de los padres hacia los hijos, y no tenemos que seguir siendo víctimas; podemos aceptar la restauración que Dios ofrece en Jesús y lograr que nuestro corazón se incline hacia nuestros hijos y nietos. Aunque quizás no hayamos tenido el buen ejemplo de un padre amoroso, debemos esforzarnos, y así como nos enseña la Biblia, pelear con todas nuestras fuerzas para encontrar ese camino de bendición para nuestros hijos en lugar de andar buscando una maldición generacional.

Hay una historia que cuenta que había un hombre que estaba muy enfermo, que no podía trabajar y que pasó toda su vida en las calles mendigando, buscando su sustento en la ayuda que podía recibir de personas de buen corazón. Su día a día era vivir como un mendigo, pidiendo ayuda a otros para poder sostenerse, para poder alimentarse. Él tenía una mentalidad de mendigo y se veía a sí mismo como una víctima todo el tiempo. Pero un buen día, él fue sanado por un milagro. Dios lo tocó y fue sanado, y ya no era más una víctima, ahora él se podía levantar, podía trabajar. Sin embargo, aunque había recuperado todas sus habilidades, estaba tan acostumbrado a sentirse víctima que realmente no quería volver a tener una vida normal; a él le gustaba vivir así, sintiendo y recibiendo la compasión de las personas que lo veían como víctima. Le gustaba que la gente le prestara atención y lo ayudara con sus necesidades. Y por esta razón, volvió a aquella esquina en la cual había pasado la mayor parte de su vida. Quería seguir mendigando, quería seguir repitiendo aquellas palabras: "Necesito ayuda, dame algo para comer, pobre de mí, ten lástima de mí, ten pena por mí...". Aunque su cuerpo había sido sanado, algo en su mente no había cambiado.

Eso mismo sucede con muchas personas que se sienten víctimas en esta vida, y esto se llega a convertir en una muleta sobre la cual se apoyan para poder vivir. Es una excusa en la que se amparan y repiten esa misma historia una y otra vez, a veces culpando a terceros, a sus padres, a sus abuelos, a su país, a sus gobernantes... siempre están buscando excusas para no cambiar, para aferrarse a ese estilo de vida que solo oculta lo que Dios quiere revelar.

Pero no tenemos que vivir así por siempre porque tenemos un Dios que desea ponernos en un camino mejor. Damos gracias a Dios que pudimos romper las maldiciones generacionales al tomar decisiones diferentes. No somos víctimas, ahora somos nuevas criaturas en Cristo; todo está hecho nuevo, incluyendo nuestras decisiones. Nuestra oración y deseo es que aprendamos a transitar por este nuevo camino.

Abuelos: los jóvenes de la iglesia nos necesitan; los jóvenes necesitan ver a hombres firmes, con la experiencia de los años vividos con Dios, que no solo puedan mostrar todo lo bueno que han aprendido con Dios, sino que también puedan enseñar desde los errores que cometieron y cómo corregirlos. Hombres maduros que puedan guiar a jóvenes diciendo "sígueme, así como yo sigo a Cristo".

Necesitamos a los abuelos de la iglesia, hoy más que nunca, porque hay demasiados jóvenes heridos que valoramos, y no queremos que se conviertan en víctimas que se sumen a las tristes estadísticas que hoy en día tenemos. Necesitamos abuelos que puedan guiar a estos jóvenes hacia un nuevo camino.

IDEA para pastores

Demasiadas personas llegan rotas por dentro a las iglesias, y otras que nacieron en una iglesia viven cosas que los mantienen con puntos ciegos y heridas emocionales que necesitan ser curadas. Acercarlas a abuelos sanos puede ser un factor importante en su proceso de sanidad interior; hablar y orar con alguien que ya está en la etapa siguiente. Los abuelos suelen orar con sabiduría y tienen el don de la experiencia para saber qué hay detrás de las palabras, para ver esos puntos ciegos que las personas no suelen ver en sus propias vidas.

Forma entre los abuelos un equipo de oración y consejería, que esté disponible en el edificio de la iglesia al menos un día por semana en ciertos horarios. Que todos sepan que si en ese día y hora van al templo, se encontrarán con abuelos dispuestos a escucharlos y orar por ellos.

Capítulo 9

Narradores de historias

Capítulo 9 - Narradores de historias

Cuando mis hijos eran pequeños (habla Robert) uno de mis momentos favoritos del día era cuando ellos se metían en la cama conmigo, uno a cada lado, trayendo su libro favorito. Era un pequeño libro para niños con imágenes que probablemente les leí cientos de veces; un libro que parecía nunca envejecer y que nunca se cansaban de escuchar, pues cada noche preguntaban lo mismo: "Papi, ¿puedes leernos una historia?".

Honestamente, hubo algunas noches en que me entregaron el libro y pensé: "Oh no, este mismo libro otra vez". Karyn debió haber captado mi expresión una de esas noches, porque después me dijo: "Robert, llegará el día en que ellos ya no quieran hacer esto. Llegará el día en que crezcan y no quieran meterse más en la cama y sentarse a tu lado".

Cuando ella dijo eso, yo pensé: "Oh, Dios, tiene razón". Así que hice el esfuerzo para tener ese pequeño pero valioso tiempo con ellos, contándoles las historias de su libro favorito y teniendo un poco de oración cada noche.

Lo sorprendente ahora es que han pasado los años, nuestros hijos han crecido, y se han agregado pequeñas pero importantes personitas a nuestras vidas: nuestros nietos. Y uno de los momentos favoritos de mis nietos (y el mío también) es cuando se escabullen en la cama con nosotros y me piden que les lea un cuento antes de dormir. ¡Les encanta! Aunque ahora le han agregado un pequeño ingrediente a la tradición: siempre debe haber una pelea de almohadas primero. Pero después de la pelea de almohadas, llega ese momento tierno en el que saco el mismo libro que antes leí a mis hijos, el mismo que ya les he leído docenas de veces, y me piden que lo haga una vez más.

La narración de cuentos es un tiempo familiar, un tiempo de intimidad, un momento en el que nos reunimos como familia, y qué mejor que los abuelos para contar las historias. Fuimos creados para ser narradores de historias

Tristemente la costumbre de los abuelos como narradores de cuentos parece ser una tradición que se va desvaneciendo rápidamente y está siendo reemplazada por distracciones como la televisión, los videojuegos y todo el ajetreo que el mundo de hoy nos está ofreciendo.

Antes, todas las familias vivían juntas o en un pueblo cercano. En América Latina, todavía podemos ver esto como algo común, pero a medida que pasa el tiempo pareciera que cada vez es menos común para las familias disfrutar de esos preciosos momentos. En este mundo global y moderno cada vez es más usual ver familias dispersas, no solo en diferentes casas o ciudades, sino también en diferentes países a través del mundo entero.

Esto no es malo, pero es diferente. Y esta diferencia significa que muchos nietos no están creciendo al lado de sus padres, y ni siquiera a unas pocas cuadras de distancia. Muchos niños se comunican hoy con sus abuelos de forma ocasional a través de chats de video o durante visitas una vez al año.

Nuestro llamado a ser narradores no ha cambiado, pero la forma en que contamos las historias tiene que cambiar.

> **Nuestro llamado a ser narradores no ha cambiado, pero la forma en que contamos las historias tiene que cambiar**

Ellos no son los únicos distraídos

Más allá de los espacios físicos que ahora nos dividen, también existen las divisiones digitales. La tecnología e internet han invadido el espacio familiar.

Muchas veces escuchamos a personas mayores quejarse de eso. "¡Mis hijos están con sus teléfonos todo el tiempo y no puedo llamar su atención!".

Lo entendemos. Tenemos que competir con la tecnología, ¡y no siempre es fácil! "¿Por qué escuchar al abuelo cuando puedo ver un video de YouTube en mi iPad? Prefiero chatear por video con amigos con los que me puedo identificar, en lugar de escuchar viejas historias de una época que no entiendo", quizás digan los chicos.

Pero seamos realistas: los niños no son los únicos enganchados con la tecnología. Hay casi tantos padres y abuelos adictos a sus teléfonos y computadoras como los niños. ¡Los adultos también están en línea muchísimo tiempo!

Según un estudio realizado en 2017 entre adultos de los Estados Unidos por el Pew Research Center, el 82% de los adultos entre 65 y 69 años usan internet, y alrededor del 75% de los mayores de 65 años se conectan todos los días[3].

Esos números se han disparado desde hace unos pocos años, y sería imposible imaginar cuánto más ha crecido ese porcentaje hasta el día de hoy.

Cuando se desató la pandemia del coronavirus, las políticas para permanecer en casa impulsaron a muchos de los que

---

[3] https://www.pewresearch.org/internet/2017/05/17/technology-use-among-seniors/

están peleados con la tecnología a mantenerse conectados en línea, para así poder sentirse cerca de sus familiares y amigos. Navegar por internet es una tendencia que seguirá creciendo.

Usamos internet para conectarnos, pero también lo elegimos para buscar entretenimiento, información y distracción, igual a como lo hacen nuestros hijos y nietos. Puede que no estemos conscientes de ello, pero muchos de nosotros elegimos ver Facebook, videos, Twitter o leer las últimas noticias en línea, antes que realizar el difícil trabajo de conectarnos con los nietos, quienes a menudo ni siquiera parecen estar interesados.

En lugar de culparnos mutuamente, o culpar a las diferencias generacionales, o a la tecnología en sí, ¿qué pasaría si simplemente reconociéramos la realidad del mundo en el que vivimos y aprendiéramos a adaptarnos y vivir bien dentro de él?

La responsabilidad es nuestra, no suya

Entonces, ¿cómo podemos captar la atención de nuestros hijos y nietos en un mundo con tantas distracciones, en donde la gente no sabe cómo mantenerse quieta? ¿Cómo podemos crear espacios donde las familias se reúnan y tengan la oportunidad de hablar y compartir historias?

Primero, debemos reconocer que la responsabilidad es nuestra.

Debemos asumir la responsabilidad de crear la atmósfera.

Debemos asumir la responsabilidad de ser interesantes.

En síntesis, debemos:

Ir a donde ellos están.

Comprender su mundo.

Aprender su idioma.

"A nadie le importa cuánto sabes, hasta que saben cuánto les importas". Esta famosa cita del expresidente de los Estados Unidos Theodore Roosevelt puede guiarnos.

Antes de buscar ser escuchados tenemos que escuchar, para luego ser atendidos. Tenemos que interesarnos genuinamente por nuestros hijos y nietos.

Para escuchar más de lo que hablamos, debemos aprender a hacer preguntas interesantes.

Debemos estar dispuestos a prestarles toda nuestra atención, incluso si no podemos relacionarnos con sus historias. Reírnos de sus bromas, aun si no las entendemos, para descubrir las personas divertidas e interesantes que son y así atraerlos.

Una vez que sepan cuánto nos importan, entonces es posible que quieran saber lo que tenemos que decir.

> **Una vez que sepan cuánto nos importan, entonces es posible que quieran saber lo que tenemos para decir**

Incorporar, no tirar

Cada año durante las fiestas (habla Karyn) horneo docenas de panes de calabaza para repartir a nuestros vecinos. Para ahorrar tiempo mezclo una gran cantidad de masa y los hago todos a la vez. ¡Es un asunto que requiere mucha concentración! Me tomo el trabajo de contar la harina taza por taza, iy no se atrevan a interrumpirme porque podría perder mi cuenta y arruinarlo todo! (iPregúntenle a Robert, él lo sabe muy bien!).

Al mezclar los ingredientes secos con los ingredientes húmedos, no vierto todo de manera brusca de una sola vez. Eso haría que la masa fuera grumosa y los sabores y texturas desiguales. En cambio, voy agregando todo poco a poco, mezclando los ingredientes constantemente y sin parar, para asegurarme de que todo se incorpore correctamente. El pan es cosa seria para mí, por lo tanto me tomo mi tiempo para hacerlo bien.

A veces, con nuestros nietos o hijos, somos como panaderos inexpertos que simplemente tiran todo a la vez. Vemos a nuestros nietos de vez en cuando en una que otra visita y nos sentimos desesperados por descargar todo lo importante que sabemos y entonces volcamos todos los consejos que aprendimos en la vida, les damos sermones e instrucciones lo más rápida y duramente que podamos, y luego los enviamos de regreso con sus padres.

¿Recuerdan ustedes cuando eran niños? ¿Les gustaba que la gente les diera sermones?

Por otro lado, ¿cómo saldría el pan de Karyn si olvidara poner alguno de los ingredientes esenciales? (iEso pasó una vez!).

Algunos abuelos intentan ser "los divertidos" y no imparten nada de sustancia a sus nietos; en su lugar, les dan películas, dulces y juguetes y todo lo que quieran con tal de sentirse queridos y aceptados por ellos.

¿Podría haber una mejor manera?

Capítulo 9 - Narradores de historias

> *"El Señor su Dios me ha pedido que les dé estos mandamientos, para que los obedezcan en la tierra a la que pronto entrarán y en la cual vivirán. El propósito es que ustedes, sus hijos y nietos, obedezcan al Señor su Dios en todo. ¡Esa es la manera en que ustedes lo honrarán! Como resultado, vivirán muchos años llenos de prosperidad. Por tanto, oh Israel, escucha atentamente cada mandato y ponlo por obra para que te vaya bien a ti y a tus hijos. Si obedeces estos mandamientos llegarás a ser una gran nación en la tierra gloriosa de la que fluye leche y miel, según la promesa de Dios a tus padres.*
>
> *Oye Israel: el Señor nuestro Dios es nuestro único Señor. Ámalo con todu tu capacidad mental, con todo lo que eres y con todo lo que vales. Debes pensar constantemente en estos mandamientos que te doy en este día. <u>Debes enseñar a tus hijos y hablar de ellos cuando estás en casa o cuando caminas con ellos; al acostarte y al levantarte.</u> Átalos en tu mano y llévalos en la frente, inscríbelos en la puerta de tu casa y en los portones de tu ciudad".*
> (Deuteronomio. 6: 1-9 Énfasis del autor)

La *primera* idea que Dios le dio a Israel acerca de cómo podían recordar sus instrucciones, fue que los padres hablaran constantemente de eso con sus hijos.

Dios no les dijo a los israelitas: "Una vez a la semana, viertan un montón de historias bíblicas y lecciones morales sobre sus hijos para que ellos sepan qué hacer".

> **Dios les dio instrucciones de incorporarlo a Él y a su Palabra en cada aspecto de la vida, para que formaran parte de las historias que luego contarían**

Dios les dio instrucciones de *incorporarlo* a Él y a su Palabra en cada aspecto de la vida, para que formen parte de las historias que luego cuenten, para entrelazarlas en sus oraciones, para hablar de Él en sus comidas y antes de acostarse, para adaptar su Palabra a las situaciones que vieron suceder en la vida, para aplicar todo ello en la vida de los demás.

Al igual que con la masa del pan de Karyn, los ingredientes tienden a mezclarse mejor cuando se agregan y mezclan lentamente, poco a poco a través del tiempo. Ocurre lo mismo con nuestras enseñanzas.

Sé el abuelo divertido

Seamos honestos: todos queremos ser abuelos divertidos. Todos queremos mimar un poco a nuestros nietos y darles ese juguete especial o regalo extra. ¿Y por qué no? Hagámoslo.

Pero lo más divertido para los nietos es lo mismo que divierte a cualquier niño. Cuando eras pequeño, ¿qué es lo que más querías de tus padres? Su tiempo, su atención y su amor para que te hagan sentir especial.

Además de las golosinas, ¿cuál es el mejor regalo que les puedes dar a tus nietos? Jesús. ¿Y cuál es la mejor manera de que lo reciban? Mezclándolo con las otras cosas que más anhelan. Tu tiempo, tu atención y tu amor.

Capítulo 9 - Narradores de historias

Si los amamos y queremos captar su atención, debemos aprender a hablar su idioma.

Cuando Dios instruyó a los israelitas para que enseñaran a sus hijos sus caminos, no creo que se refiriera solamente a la memorización de sus enseñanzas. Tenemos un Padre creativo que hizo el mundo entero desde cero. A Dios le encanta llamar nuestra atención a través de su belleza y creatividad.

En Éxodo Dios les dijo a los padres que dieran sus enseñanzas en una celebración. ¡Una fiesta! ¿Hay una forma más divertida de aprender que celebrando, bailando y comiendo?

Dios les dijo a los padres que enseñaran durante una celebración. ¿Hay una forma más divertida de aprender que celebrando?

> *«Durante estos días de celebración cada uno de ustedes deberá explicar a sus hijos el porqué de la fiesta. Les dirán que es una celebración de lo que el Señor hizo por ustedes cuando salieron de Egipto.*
>
> *En adelante, cuando sus hijos les pregunten: "¿Qué es esto?", ustedes responderán: "Con grandes milagros el Señor nos sacó de Egipto, para librarnos de nuestra esclavitud. El faraón no quería dejarnos salir, pero el Señor hizo morir a todos los primogénitos varones de Egipto, y también a las primeras crías de los animales. Por eso es que ahora dedicamos todos los varones primogénitos al Señor, pero siempre los rescatamos".*

> *Nuevamente les digo que esta celebración los identificará como pueblo de Dios; será como si él hubiera puesto su marca de propiedad sobre la frente de ustedes. Es un recordatorio de que el Señor los sacó de Egipto con gran poder».*
> Éxodo 13: 8, 14-16

Dios alentó a los padres a contar historias emocionantes de manera divertida: historias sobre los milagros y el gran poder de Dios. Pueden estar seguros de que, narradas de esa manera, estas eran historias que los niños nunca olvidarían.

¿Qué puedes hacer para traer la Palabra de Dios a la vida de tus nietos? Puedes crear canciones, hacer dibujos, inventar historias de ficción juntos, disfrazarse, hacer obras de teatro, todo lo que les enseñe de manera creativa los principios de la Palabra de Dios. Pueden juntos memorizar las Escrituras y realizar concursos o premios.

¿Qué llama la atención de tus nietos? ¿Desafíos de YouTube? Incorpora eso. ¿Jugar al aire libre? Hazlo. ¿Música? Úsala. Lo que sea que a ellos les interese, a ti te debe interesar.

No seamos como los abuelos estereotipados que solo repiten los mismos sermones e historias una y otra vez de manera aburrida. Transmitamos las historias de una manera tan viva, que estas se conviertan en parte de quienes son sus hijos y nietos.

Presenten a sus hijos y nietos la Palabra de tal forma que ellos anhelen conectarse y relacionarse con Dios cada día. Las historias deben seguir siendo contadas; ya vimos lo que sucede cuando las historias dejan de contarse.

> Sé el narrador que Dios te hizo ser y que tus nietos necesitan.

Consigue un buen sillón y al menos una vez al mes ten a un abuelo en la reunión de niños de la iglesia contando una historia bíblica.

A los abuelos voluntarios les puedes dar un libro infantil para leer o les puedes dejar contar sus historias favoritas con sus propias palabras. Ayúdalos a prepararse para que la hagan divertida y no hace falta que el acontecimiento sea largo pero sí memorable. Conviértelo en una tradición, sentando al abuelo o abuela en el gran sillón para que cuente una historia.

Capítulo 10

Invierte en personas

Capítulo 10 - Invierte en personas

En este capítulo te hablo yo, Karyn, y quiero contarte sobre personas que invirtieron en mí y me cambiaron la vida.

Ya comenté que crecí en una familia muy disfuncional. Mis padres no fueron figuras presentes en mi infancia. Cuando estaba en sexto grado mi madre tomó la decisión de abandonar la casa y dejar que mi padre se encargara de mis tres hermanos y de mí. Aunque ella se mudó cerca de nuestra casa, siempre se mantuvo muy ausente de nuestras vidas. Mi padre era alcohólico y aterrador. Mis hermanos y yo vivíamos con miedo la mayor parte del tiempo, con la angustia de no saber con qué estado de ánimo volvería a casa después de haber bebido toda la tarde.

Nuestros padres no mostraban interés en relacionarse con nosotros, la interacción con ellos siempre fue escasa. En casa no había sonrisas, abrazos y mucho menos palabras de aliento. No recuerdo que alguna vez me hayan pedido el reporte de calificaciones de mi escuela; es más, nunca se enteraron de que falté a clases durante todo el octavo grado.

A este cuadro, debo agregar que mis hermanos y yo tampoco tuvimos la imagen de unos abuelos amorosos invirtiendo su tiempo en nosotros.

Tenía catorce años cuando conocí a Jesús como mi Salvador y mi Señor. Yo era muy nueva en las cosas de la iglesia, recién estaba aprendiendo acerca de la Biblia, de Dios y de Jesús. Encontré una iglesia cerca de mi casa y comencé a visitarla; un domingo fui a la escuela dominical y allí conocí a una señora bastante mayor, que llegó a ser una de las madres espirituales que más recuerdo en mi vida. No tengo presentes muchos detalles, pero sí el tremendo impacto que ella causó en mí, y no es porque ella me hubiese dedicado mucho tiempo o hiciera cosas especiales por mí, es solo que yo sentía que podía contar con ella. Creyó en mí cuando ni yo misma lo hacía, y me ayudó a cultivar la confianza en mí, me ayudó a levantar mi autoestima, e incluso me ayudó a aprender a leer, porque cuando llegué a su clase, ella se dio cuenta de que yo no sabía leer bien. A pesar de eso, no se burló de mí ni me trató mal, aun sabiendo que ni siquiera era miembro o formaba parte de la historia de la iglesia, ni que mi familia era disfuncional.

La mayoría de los jóvenes de mi edad estaban muy aburridos en su clase, pero recuerdo que yo estaba muy emocionada y quería aprender todo lo que pudiera, y ella estaba dispuesta a enseñarme todo lo que sabía. Por eso la recuerdo con mucho cariño, la considero como una abuela espiritual, y como una persona que demostró tanto amor hacia una jovencita que en ese entonces se encontraba perdida y sin un futuro claro para su vida. Aunque yo no sabía nada, ella fue de una gran influencia para mí; el solo hecho de que creyera en mí hizo toda la diferencia, y fue una persona sumamente importante en mi caminar y en mi vida en Cristo.

Aunque ellos no me conocían invirtieron en mí de una manera que yo no esperaba

También recuerdo a una pareja de personas mayores que fue de gran bendición para mi vida. Aunque ellos no me conocían mucho, invirtieron en mí de una manera que yo no esperaba.

En ese tiempo hubo una conferencia de jóvenes muy importante a la cual todos querían asistir. Ellos se dieron cuenta de que yo no tenía nada de dinero, y sin que yo siquiera lo imaginara, esta pareja me registró en esa conferencia, y no solo eso; también pagaron mi pasaje de avión y el hotel por tres días. Esta conferencia marcó mi vida para siempre, fue tanto lo que Dios me reveló durante aquella experiencia, que hasta hoy comparto en mis enseñanzas mucho del material que aprendí allí.

Lo lindo de esa conferencia fue que solo la primera inscripción tenía un costo, que ellos estuvieron dispuestos a pagarme, pero las siguientes veces ya no tenía ningún costo. Luego de esto, la conferencia se movió a mi ciudad, lo cual me permitió asistir cada año. Así que ellos invirtieron en mí solo una vez, pero esto benefició mi vida por muchos años. Lo siguiente que recuerdo es que poco a poco y sin darme cuenta comencé a involucrarme en servir, ayudar y apoyar en esta conferencia cada año, lo cual fue de gran bendición porque cambió el rumbo de mi vida para siempre.

Todo esto sucedió por una pareja que creyó en mí, que vio algo en mí. Ellos no solo confiaron en mí, sino que también estuvieron dispuestos a invertir dinero. Vieron algo que ni yo misma veía, quizás vieron una piedra que necesitaba ser pulida con algo de enseñanza, con un poquito de atención e inversión para convertirse en diamante. Amo mucho a esta pareja y creo que Dios la usó para cambiar el resto de mi vida para siempre.

> **Vieron algo en mí que ni yo misma veía, quizás vieron una piedra que necesitaba ser pulida**

También recuerdo a otra persona que ¡wow!, realmente cambió mi vida drásticamente. Fue mi pastor de jóvenes junto con su esposa, quienes realmente creyeron en mí.

Yo doy gracias a Dios por permitirme conocerlo. Él me tomó con fuerza y acepté a Cristo en mi vida. Entonces decidí regresar al colegio, y mientras lo hacía, recuerdo que entre las lecciones que debía tomar había una sobre composición creativa. Cuando entré a la clase, nos pidieron escribir un poema y lo siguiente que recuerdo es verme corriendo a casa luego de haber escrito mi poema. Cuando llegué, grabé el poema en forma de canción en una grabadora de cassettes de aquella época. Le puse melodía a estas palabras escritas, y corrí una vez más, pero a la iglesia, que estaba como a seis cuadras de mi casa. Cuando llegué le hice escuchar la canción a mi pastor de jóvenes y él dijo: "Wow, esto suena bien, regresa a tu casa y escribe otro verso". Una vez más corrí a casa, escribí otro verso como él me dijo, regresé nuevamente a la iglesia y canté lo que había escrito.

Para mí todo esto sucedió tan rápido que realmente lo considero un milagro; nunca antes había cantado y mucho menos escrito un poema o verso ni nada parecido.

Luego de escucharme, él me dijo: "Ok, este domingo vas a cantar en la iglesia, y yo voy a tocar la guitarra". Yo solo dije "Ok". En ese entonces tenía catorce años, y cuando llegó el domingo subí al púlpito y canté. ¿Puedes imaginarlo? Este pastor confió tanto en mí, que me dio la oportunidad no solo de cantar en la iglesia, sino de cantar mi propia canción, la canción que Dios me dio.

Después de eso se produjo como un efecto dominó, porque al terminar el servicio vino un señor que dijo que le había gustado mucho la canción y que la quería tocar con una orquesta para presentar su tesis. También se me acercó la directora del coro de la iglesia, quien me dijo que le había encantado mi voz y la canción; ella me tomó, e invirtió tiempo en pulirme, me hizo cantar y me dio oportunidades para seguir desarrollando el don que Dios me había dado y que yo estaba descubriendo. Me hizo sentir muy amada y apreciada, todo el tiempo me llamaba "cariño" y muchas otras palabras amorosas.

Luego de ello, me empezaron a pedir que cantara en bodas y banquetes.

Imagina todo lo que sucedió por este pastor de jóvenes, que creyó en mí y me dio la oportunidad de cantar teniendo yo solo catorce años de edad, cantar una canción escrita por una jovencita. Él puso delante de mí una puerta muy grande y muy abierta. Fue muy influyente en mi vida, tomó de su tiempo para dármelo a mí, me dio versos para memorizar, me enseñó a leer la Biblia... Y no solo eso, también oraba conmigo y con mi hermanastra muy temprano por la mañana cuando pasaba por la iglesia de camino al colegio.

Este pastor ejerció una influencia muy grande en dos áreas de mi vida. En primer lugar, en el canto, y en segundo lugar porque me empujó a leer libros que hablaban de misiones, de ganar tribus para el Señor, de ser misionera. Yo creo que él plantó en mí una semilla que ha dado fruto en esas dos áreas, cantar y ser misionera. Esas dos áreas han influenciado mi vida como no pueden imaginar. Como saben, soy misionera y he cantado en cientos de diferentes ocasiones a lo largo de mi vida.

Realmente, todas estas personas, la señora de mi escuela dominical, la pareja que invirtió en la conferencia, la directora del coro y mi pastor de jóvenes vieron algo en una jovencita totalmente sola, sin educación ni cultura de iglesia, una jovencita perdida y sin una familia estable; ellos me adoptaron y me trataron como una hija o una nieta, a quien cuidaron y le enseñaron con paciencia el amor de Dios. Me hicieron sentir especial y qué significa tener una familia. Soy quien soy por lo que estas personas hicieron por mí.

Inversores

Quisiera agregar (habla Robert) que si Dios pudo hacer algo así por una joven como mi esposa, que estaba perdida en una familia disfuncional, por qué no lo podría hacer una vez más por cientos de jovencitas en igual condición. Todo cambió en su vida porque existieron personas que creyeron en ella y se comportaron como padres y madres, abuelos y abuelas espirituales y esto marcó su vida hasta el día de hoy.

Lo hermoso es que el esfuerzo de estas personas que creyeron en mi esposa no fue en vano, porque ahora ella está repitiendo esa historia al dirigir a miles de mujeres a quienes anima con ese mismo mensaje que una vez ella recibió: "Yo creo en ti".

Y cuando estas jovencitas escuchan esta declaración sienten que pueden volar, sienten que pueden hacer más. Hoy en día, por la gracia de Dios, mi esposa dirige una conferencia a la cual acuden literalmente miles de mujeres cada año. En esta conferencia ella hace un depósito de fe, esperanza e identidad en estas mujeres.

¿Puedes imaginarlo? Una jovencita perdida en una familia disfuncional, hoy ejerciendo liderazgo de esa manera. Todo eso fue posible porque hubo personas adultas que creyeron en ella.

Creo que todo sería diferente si tan solo miráramos el potencial de los jóvenes que tenemos alrededor y los entendiéramos; si les ayudáramos a levantarse para volar y crecer, sembrando e invirtiendo en sus vidas, en vez de ignorarlos o criticarlos por ser diferentes, por usar diferente ropa o por escuchar otra música.

Si tan solo les dijéramos "yo creo en ti, veo este talento que tienes y estoy dispuesto a invertir en ti", en vez de obligarlos a comportarse como nosotros queremos, realmente haríamos la diferencia, y estoy seguro de que descubriríamos más de un diamante en bruto a punto de brillar.

Anima a los abuelos de tu congregación a que estén dispuestos a invertir su tiempo con los niños, preadolescentes, adolescentes y jóvenes que no disfrutan de una buena contención familiar.

Puedes implementarlo de forma más organizada haciendo que los líderes de las diferentes áreas den a conocer a los abuelos los casos en los que sería conveniente su apadrinamiento, y ayuden además a hacer la conexión entre ambos.

Capítulo 11

Crea recuerdos

A pesar de vivir una experiencia familiar tan dolorosa (habla Karyn), para mí era sumamente importante poder convertirme en una buena madre primero y en una mejor abuela después. Incluso lo describiría como un llamado para mi vida. Yo quería que mi familia fuera todo lo que nunca tuve, ese era mi más grande sueño, por lo cual me presioné mucho a mí misma como madre. Sentía que necesitaba ser la ama de casa y la madre perfectas.

Cuando llegamos a Perú para ser misioneros a tiempo completo, casi todas las semanas durante los primeros cinco años, la iglesia en la que estábamos trabajando enviaba a mi esposo Robert a predicar por distintas ciudades y pueblos. Para mí esos viajes eran interminables. En medio de estos viajes yo me encontraba sola en casa, criando a dos niños en un país que estaba descubriendo y con un idioma que estaba aprendiendo a hablar.

Ahora, mirando hacia atrás, hubiera preferido pasar más tiempo con mis hijos, y no preocuparme tanto por los platos en la cocina, o por tener la ropa limpia. En ese tiempo yo quería que todo fuese perfecto y, tratando de crear el escenario perfecto, no me di cuenta de lo rápido que crecían mis hijos y que, al pasar el tiempo, el recuerdo de una casa limpia no sería lo más importante de su infancia.

No digo que no hayamos tenido momentos divertidos, es que hubiera deseado tenerlos más y mejores. Tal vez mis hijos recuerden esa etapa de manera diferente y probablemente solo sigo siendo demasiado dura conmigo misma. Recuerdo haber sido mucho más seria con mis hijos de lo que ellos lo son con los suyos.

Me encanta ver a mis hijos y sus cónyuges siendo padres. Son personas y padres magníficos y estoy muy orgullosa de ellos. Creo que ver cómo tus hijos viven su vida y llevan adelante su familia mejor de lo que tú lo hiciste es un premio, un regalo, una recompensa.

> Ver cómo tus hijos viven su vida y llevan adelante su familia mejor de lo que tú lo hiciste, es un premio

Dicen que los nietos son la recompensa que obtenemos por no matar a nuestros propios hijos. Aquí tengo una gran cita: "A veces el amor perfecto no llega sino hasta tener nuestro primer nieto" (proverbio galés).

Tengo varios objetivos como abuela. En primer lugar, siempre quise que me llamaran Nana. No tenía buenos recuerdos de mis propias abuelas, así que me propuse construir una nueva y mejor imagen de abuela para mis nietos.

Decidí usar el mismo perfume siempre, para que pensaran en mí cada vez que lo olieran y que sus pensamientos estuvieran llenos de buenos recuerdos. Si alguna vez se alejan deseo que el recuerdo de ese perfume, los colores, las risas, las experiencias compartidas de tiempos felices, desencadenen buenos sentimientos y los ayuden a encontrar el camino de regreso a su hogar, de regreso al lugar más seguro que existe, donde se sintieron más amados que nunca.

Hablando de recuer-dos, creo firmemente en crear recuerdos. Para crear ese ambiente y generar estas memorias, no se necesita gastar mucho dinero, ni elaborar cosas complicadas. Solamente debemos prestarles atención, hacerlos sentir especiales, observarlos cuando nos hablan, escucharles todo el tiempo posible, estar pendientes de sus historias, mirarlos atentamente hasta el punto en que ellos se sientan vistos, y se den cuenta de que son importantes. Probablemente soy la abuela más escandalosa cuando mis nietos entran por nuestra puerta principal, ya que abundan los gritos, alaridos, brazos extendidos con grandes y ruidosos iholaaaaaaa! Luego vienen los cálidos abrazos y las palabras de amor a cada uno. "Te he extrañado muchísimo", "estoy tan feliz de verte", "mi favorito... (y pongo su nombre)". Quiero que se sientan especiales. Ese es mi principal objetivo y misión en la vida.

Debemos mirar atentamente a nuestros nietos hasta que ellos se sientan vistos

También tengo la misión de crear un espacio y oportunidades para que mis nietos estén juntos y unidos entre ellos como primos. Incluso les digo que no todos los amigos en la vida estarán constantemente y que algunas personas serán malas e hirientes. Pero sus hermanos, hermanas y primos serán sus amigos para siempre, los respaldarán y acompañarán en la vida para siempre, y con ellos podrán saber que son amados.

Como abuelos tenemos que ser intencionales. Crear momentos para reunirse tiene que estar programado en tu agenda. Mis hijos viven en la misma ciudad y trabajan con nosotros como pastores

Como abuelos tenemos que ser intencionales. Crear momentos para reunirse tiene que estar programado en tu agenda

en nuestra iglesia. Por el trabajo intenso que tenemos a veces pueden pasar días sin vernos. Entonces los invito a todos a casa para una noche de tacos o de parrillada. De hecho, trato de tener a mis nietos todos los sábados, y en tiempo de verano todos los miércoles posibles.

¿Sabes cuál fue una de las cosas que le dijeron a su Pops (Robert) y a mí en un libro que nos escribieron? "Gracias Pops y Nana por jugar con nosotros". Y es que, en nuestro tiempo juntos, soy yo a quien ellos llaman "el monstruo de las galletas y cosquillas". Es que, mientras estamos en el jardín de mi casa, jugamos a que los persigo, hasta que logro atrapar a uno de ellos para hacerle cosquillas hasta cansarnos. Incluso mis nietos más grandes me lo piden. Créanme, después de uno o dos juegos termino agotada, pero siempre me piden que sea "el monstruo de las galletas y cosquillas".

Algunas semanas hacemos juegos de mesa divertidos, nos gusta Sequence o Uno, pintamos huevos de Pascua durante las vacaciones, decoramos galletas de Navidad, o preparamos un espectáculo para la familia en diciembre.

También dedico un tiempo para tener una fecha especial con cada uno, es decir, solo uno de mis nietos y yo. Quiero escuchar todo lo que quieren decir. Siempre tenemos un postre y hago algunas preguntas y escucho y escucho. Los miro directamente a los ojos.

Como pueden ver, no hago nada elaborado. Solo trato de hacerles sentir que son vistos, escuchados y especiales.

¿Pueden volver los hijos a casa?

La historia del hijo pródigo nos enseña muchas y grandes lecciones. Una de las partes más conmovedoras es sin dudas cuando el hijo finalmente sale de su locura y vuelve a la casa de su padre, y su padre está allí, esperándolo.

¿Se imaginan lo que hubiera pasado si el hijo regresaba a casa y el padre no hubiera estado allí? El hogar de él era un ancla en medio de la tempestad de su vida, una tempestad que él mismo decidió crear.

Cuando recordaba su casa, añoraba la estabilidad que había en su padre; para él su hogar era un lugar seguro al que podía volver.

Imagínense si hubiera regresado a casa solo para encontrar a un padre frustrado.

¿Qué hubiera pasado si el padre se resentía por la decisión que tomó su hijo? ¿O si hubiera estado desanimado porque su hijo se fue del hogar? ¿Qué hubiera pasado si el padre no hubiese estado allí cuando su hijo regresó a casa?

Pero eso no pasó, el padre estaba allí, esperando que su hijo regresara.

Imaginen si el padre hubiera tenido otra actitud hacia el hijo pródigo. Felizmente, el padre estuvo esperándolo todos los días hasta que él decidiera volver.

Ese es el rol que debe cumplir cada abuelo. Los abuelos pueden ser esa ancla en la familia, a la que los niños se aferran cuando llegan a casa. Esa ancla se va forjando a través de las relaciones y durante los tiempos que pasamos juntos, aquellos en los que creamos recuerdos y cuando nos reunimos para las celebraciones y fiestas;

Si pasan por un momento difícil y sienten que no pueden hablar con sus padres, debemos recordarles que pueden hablar con nosotros

así es como ellos encuentran seguridad. Tú sabes que cuando vayan a la casa de los abuelos, no solo recibirán una comida caliente, sino también historias.

En nuestra familia nos hemos esforzado por crear un lugar donde nuestros nietos siempre puedan sentirse cómodos, donde siempre quieran venir, ya que entendimos que no basta con desearlo, sino que hay que planearlo y trabajar en ello prestándole atención a los detalles. Los abuelos queremos ser sus confidentes y amigos pero no podemos quedarnos en un "queremos". Si pasan por un momento difícil y no sienten que pueden hablar con sus padres, debemos recordarles con insistencia que pueden hablar con nosotros. Este es nuestro corazón y la razón por la que la casa de los abuelos es tan importante. Si tenemos un hijo pródigo en el futuro, queremos que sepan que siempre hay un lugar al que pueden volver y que siempre los estaremos esperando.

No todos los países tienen un día oficial de los abuelos, pero es una buena idea crear el tuyo y que sea una gran celebración en tu comunidad cada año.

Ese día puede hacer una fiesta social luego de la reunión, con comida, juegos y alguna presentación teatral o concurso de talentos de los abuelos.

Seguramente puedes involucrar a algunos jóvenes para preparar un video alusivo e incluso varios saludos cortos de los nietos a sus abuelos. Este es el día perfecto para hablar de un Dios generacional y modelar una iglesia intergeneracional.

Capítulo 12

Reyes y patriarcas

Seguramente escuchaste hablar de dejar un legado y esta es una frase que se hace más frecuente cuando la madurez va llegando a nuestras vidas. ¿Lo has pensado? ¿Cuál será tu legado? ¿Qué herencia dejarás a tus hijos y nietos?

Con seguridad la mayoría de nosotros deseamos dejar cosas materiales para nuestros hijos. También esperamos dejar un legado no tangible, por ejemplo, que nuestros hijos sean amables con los demás, asegurarnos de que sepan que fueron amados y dejarles la educación para que puedan proveerle todo lo necesario a sus familias. Queremos darles capacidades y hábitos que continúen, una y otra vez, enriqueciendo sus vidas y las vidas de sus propios hijos, es decir, dones que pasarán de una generación a la siguiente.

Esta idea del legado ha existido desde siempre: queremos dejar algo para la siguiente generación. Qué triste es cuando algunos hijos esperan la hora en que sus padres mueran para obtener sus bienes y su dinero.

Sería trágico que luego del esfuerzo de toda una vida, lleguemos a nuestros últimos años solo para ser olvidados. He visto muchas veces a hijos peleando por la herencia de sus padres, aun cuando estos todavía vivían y, al igual que en la parábola del hijo pródigo, pidiendo lo que les correspondía para irse a vivir su propia vida alejados de su familia.

Nuestro anhelo debe ser dejar bienes sobre los cuales ellos puedan construir un futuro sólido, pero también un legado de valores morales. Tenemos la esperanza de que nuestros nombres y reputaciones no mueran con nosotros.

Tenemos la esperanza de que nuestros nombres y reputaciones no mueran con nosotros

Así como vemos por un lado a hijos peleando por la herencia de sus padres, por otro lado vemos a padres a quienes no les interesan para nada sus hijos.

En el Antiguo Testamento, los monarcas o reyes, al morir, dejaban herencias (el reino) a sus hijos.

¿Cómo sucedía esto? Los reyes por lo general tenían varias esposas e hijos, y todos se sentían con derecho a su herencia y, por supuesto, al trono. Las guerras estallaban y se producían divisiones por causa de la codicia. Esos herederos estaban dispuestos a pelear hasta la muerte con el único deseo de obtener lo que creían merecer. ¡Qué legado!

La prioridad de esos reyes no era posicionar a sus hijos para el éxito. Sus intereses tenían que ver más con conservar o fortalecer su posición que con compartir su reinado con sus hijos. A lo largo del Antiguo Testamento, y en la historia en general, vemos a reyes incluso llegando al punto de matar a sus propios hijos por miedo a que estos les usurparan su trono.

Por ejemplo, en la vida del rey Ezequías podemos ver la ausencia de una visión a largo plazo y hasta una actitud egoísta. En 2 Reyes, Isaías le dice que hasta sus hijos serían esclavos en Babilonia.

> *"Entonces Isaías le dijo a Ezequías: "Escucha la palabra del Señor: 'Vendrá un día en que todo lo que hay en este palacio será llevado a Babilonia; todos los tesoros de tus antepasados serán llevados, y nada quedará. Algunos de*

> *tus hijos serán llevados y serán esclavos que servirán en el palacio del rey de Babilonia'"». 2 Reyes 20:16-18*

En vez de sentirse mal por sus decisiones y, sabiendo que estas perjudicarían a sus hijos, Ezequías declaró:

> *"Bien –respondió Ezequías–. Si eso es lo que el Señor quiere, está bien. Pero realmente estaba pensando: "Por lo menos tendré paz y seguridad durante el resto de mi vida"». 2 Reyes 20:19*

En otras palabras: "Oh, bueno. Qué pena por ellos. ¡Al menos no me pasará nada malo a mí!". Qué triste es saber que al rey Ezequías le importaron muy poco sus hijos y la vida de las siguientes generaciones.

Dios es un Dios de generaciones, tener reyes nunca fue su propósito; esa idea vino del propio pueblo de Israel, que le pidió a Samuel un rey para poder ser como todas las demás naciones. Leamos el siguiente verso:

> *«Entonces los jefes de Israel se reunieron en Ramá para discutir el asunto con Samuel. Le dijeron que desde que se había retirado las cosas no eran iguales, porque sus hijos no andaban por buen camino. "Danos un rey como las demás naciones lo tienen" –le rogaron. Esto puso a Samuel terriblemente molesto y fue a consultar al Señor. "Haz lo que te piden –respondió el Señor–, porque no te están rechazando a ti sino a mí. Ellos no quieren que yo sea su rey. [8] Desde que los saqué de la tierra de Egipto, continuamente se han apartado de mí y han seguido a otros dioses. Ahora te dan a ti el mismo trato. Complácelos, pero adviérteles lo que significará tener un rey"». 1 Samuel 8:4-9*

Cuando Israel rogó por un rey Dios les advirtió que una monarquía no era su plan. Dios tenía un plan diferente, una manera mejor, que era a través del patriarcado.

En estos tiempos el patriarcado significaba tener una sociedad en la que los hombres ejercían dominio sobre las mujeres y los niños, quienes no tenían voz. Pero ese tampoco era el plan de Dios.

Cuando nos referimos al patriarcado lo hacemos luego de ver una y otra vez los ejemplos que la Biblia nos muestra. El modelo que vemos es el de un padre transmitiendo valores, bendición y legado a sus hijos y a los líderes de la siguiente generación.

El modelo que vemos es el de un padre transmitiendo valores, bendición y legado a sus hijos y a los líderes de la siguiente generación

Esto es visible en la vida de Abraham, Isaac, Jacob y José. Cuando el Espíritu Santo pasó de Abraham a Isaac, vemos que Abraham e Isaac todavía vivían juntos, uno al lado del otro. Cuando la figura central de la historia cambió de Isaac a Jacob vemos que Jacob regresó a casa para vivir con su padre Isaac, donde vivieron juntos durante muchos años hasta que Isaac falleció.

> *"Entonces Jacob regresó a la casa de su padre Isaac en Mamre, que está cerca de Quiriat-arba (actualmente llamada Hebrón), donde Abraham e Isaac vivieron como extranjeros. Isaac vivió ciento ochenta años. Después dio su último suspiro y murió en buena vejez, y se reunió con sus antepasados al morir. Y lo enterraron sus hijos Esaú y Jacob". Génesis 35:27-29*

Capítulo 12 - Reyes y patriarcas

Cuando el hijo de Jacob, José, llega a ser segundo al mando de todo Egipto, trae a Jacob y a su familia a vivir cerca de él en Goshen, en la tierra de Egipto. Jacob vivió para ver a su hijo salvar al mundo de la hambruna. No solo eso, sino que Jacob pudo conocer a sus nietos, Manasés y Efraín, y darles su bendición.

Los reyes nunca vieron el éxito de sus hijos, a diferencia de los patriarcas, que sí lo hicieron. Tuvieron la bendición de ver cómo Dios se movió en sus vidas.

Los reyes nunca vieron el éxito de sus hijos. Los patriarcas tuvieron la bendición de ver cómo Dios se movió en sus vidas

Una de las diferencias entre los reyes y los patriarcas es que los reyes dicen: "Lo más importante es mi posición". Mientras que los patriarcas dicen: "Quiero posicionar a mis siguientes generaciones". Los reyes dicen: "Quiero estar en la cima todo el tiempo que pueda, y disfrutar de todos los frutos de mis esfuerzos en la vida". Los patriarcas dicen: "Quiero dejar una herencia para mis hijos. Sacrificaré mis placeres personales para posicionar a mis hijos y que no tengan que luchar tanto como yo".

Vivamos para ser los consejeros sabios de las próximas generaciones

Moisés nunca vio a la generación de Josué derribar una pared ni vencer a un gigante. David nunca vio la sabiduría de Salomón ni el templo que construyó. No actuemos como reyes, que nuestro objetivo sea ver el éxito de nuestros hijos y nietos. Vivamos para ser los consejeros sabios de las próximas generaciones.

El gran mandamiento

En *Deuteronomio 6:1-9,* que ya consideramos en el capítulo 9, vemos que este primer mandamiento que aprendemos desde que somos niños, el de amar a Dios sobre todas las cosas, no es solo para que nosotros lo cumplamos de manera personal, es más bien una Instrucción Sagrada de parte de Dios para enseñar a la siguiente generación estas mismas verdades, la verdad de que Dios es grande y bueno. Si amas a tus nietos, esto es lo mejor que puedes hacer por ellos, es la mejor herencia que les puedes dejar; esa es la manera en la que ellos, y sus hijos después de ellos, podrán vivir una vida bendecida.

La Biblia menciona esta verdad en muchas oportunidades y de diversas formas, por ejemplo:

> *"Enséñale al niño a elegir el camino correcto,*
> *y cuando sea viejo no lo abandonará".*
> *Proverbios 22:6*

Entrenar a los más jóvenes en sus caminos también significa guiarlos hacia donde ellos se inclinan. ¿Hacia dónde apunta el interés de tus nietos? Porque cada uno tiene un talento dado por Dios, una habilidad o inclinación.

El error de muchos padres es obligar a sus hijos a hacer lo que ellos desean. Puede ser por orgullo o porque siempre quisieron seguir una carrera y, al no lograrlo, desean que sus hijos estudien lo que ellos no pudieron estudiar. Si estás frente a un caso similar, pídele a Dios sabiduría para intervenir con sabiduría y mesura. El objetivo es buscar el bienestar de los más jóvenes. ¿Acaso no es más importante descubrir cuál es la inclinación que Dios ha puesto en ellos, o el talento que Dios les ha dado? A veces nosotros mismos quisiéramos que estudiaran, por ejemplo, medicina, pero su talento está en la música, justo en el área sobre la cual tenemos tantos prejuicios. La verdad es que casi siempre tenemos prejuicios sobre todas las áreas que no se acomodan a nuestra manera de pensar. Una vez más, no se trata de nosotros; se trata de ellos, de su futuro y el de sus generaciones.

Habiendo dicho esto, ahora permítenos hablar de la otra cara de la moneda, de un aspecto que es muy interesante de rescatar. Existe un beneficio en crecer en la casa de alguien, aprendiendo en forma natural de nuestros padres, viendo y escuchando sentados en primera fila la sabiduría y el conocimiento de ellos.

Siempre nos referimos al nepotismo como algo negativo, pero creo que podemos considerar su parte positiva. El diccionario define nepotismo como "tendencia a favorecer a familiares o personas afines con cargos o premios".

Existen cientos de casos positivos sobre el nepotismo. Por ejemplo, en la familia Rockefeller. John D. Rockefeller creció y se convirtió en uno de los empresarios petroleros más poderosos de todos los Estados Unidos y luego en un famoso banquero. Si pudieran tener a un Rockefeller como su asesor personal en el área financiera, ya sea un nieto o familiar cercano, ¿no creen que les sería de gran ayuda en las finanzas de su empresa? ¿Les gustaría? Porque yo creo que desde la cuna los Rockefeller han aprendido sobre las finanzas. Me puedo imaginar las conversaciones a la hora de la cena hablando de proyectos y oportunidades en el mundo de los negocios.

De igual manera me imagino las charlas a la hora de la cena en la familia de Billy Graham, conversaciones hablando sobre las almas que todavía necesitan escuchar la verdad del Evangelio, o sobre las próximas campañas evangelizadoras en ciudades donde la Palabra aún no ha sido compartida.

Lo mismo podemos decir de un panadero: el hijo del panadero, habiendo crecido en la casa de su padre, sabe los secretos y las fórmulas para hacer el mejor pan.

En los tiempos antiguos el niño crecía y era educado mayormente en casa y aprendía allí un primer oficio de acuerdo al que realizaba su padre. Si el padre era pescador el niño aprendía sobre los tiempos adecuados para salir al mar, cómo confeccionar y reparar las redes, cómo limpiar el pescado, cómo escoger la carnada adecuada, etc. Si el padre era un agricultor su hijo probablemente sabía cuál era la mejor época para sembrar, cuándo era el tiempo correcto para cosechar, o cómo proteger su campo de animales y plagas. Si el padre tenía el oficio de carpintero, el hijo sabía cómo y cuándo cortar un árbol y cómo secar la madera hasta que estuviera lista para ser usada.

Muchos hijos van a seguir los pasos de sus padres porque simplemente es lo que vieron, escucharon y aprendieron en casa

Existe una inclinación natural y por ello muchos hijos van a seguir los pasos de sus padres, porque simplemente es lo que vieron, escucharon y aprendieron en casa.

Entre las cosas importantes que un padre debe hacer por su hijo, una es la de encaminarlo hacia un oficio, pero la más importante es instruir al niño en la fe en nuestro Dios y en los valores que aprendemos en su Palabra. Por eso, cada padre en Israel tomaba a su hijo y cada día, desde una temprana edad, le enseñaba el legado de fe que había recibido de sus antepasados, según la instrucción de Deuteronomio que leímos.

El último deseo

Hay unos versículos que nos hacen reflexionar sobre la bendición que Dios nos ha prometido.

> *«Llegaron los días en que David había de morir, y ordenó a Salomón su hijo, diciendo: "Yo sigo el camino de todos en la tierra; esfuérzate, y sé hombre. Guarda los preceptos de Jehová tu Dios, andando en sus caminos, y observando sus estatutos y mandamientos, sus decretos y sus testimonios, de la manera que está escrito en la ley de Moisés, para que prosperes en todo lo que hagas y en todo aquello que emprendas; para que confirme Jehová la palabra que me habló, diciendo: 'Si tus hijos guardaren mi camino, andando delante de mí con verdad, de todo su corazón y de toda su alma, jamás, dice, faltará a ti varón en el trono de Israel'"».* 1 Reyes 2:1-4 (RVR60)

Aquí está David en su lecho de muerte, a punto de decir su último mensaje, sus últimas palabras a su hijo. Y estas importantes palabras fueron: *Hijo, si quieres tener éxito en la vida, si quieres prosperar en todo lo que hagas, entonces sigue este camino obedeciendo todo lo que te he enseñado sobre la palabra de Dios. Hijo mío, esfuérzate y sé hombre, porque si lo haces tu vida prosperará en todo lo que hagas, y los hijos de tus hijos también lo serán. Dios me prometió que siempre estaría uno de ellos sobre el trono de Israel.*

¿No es increíble saber que las promesas de Dios nos trascienden y alcanzan a nuestras futuras generaciones?

En estas últimas palabras de la vida de David, vemos que él deseaba dejar el legado a su hijo Salomón y a las generaciones que venían. Ya estaba pensando en sus nietos y en los hijos de sus nietos después de él. David entendió que Dios es un Dios generacional.

Existe un club privado de empresarios a nivel mundial, llamado los Henokiens, que es un club muy selecto y el nombre hace referencia a Enoc, quien fue la persona más longeva que la Biblia registra.

Este club privado no tiene más de cuarenta miembros en todo el mundo, y es que para formar parte de este grupo se deben cumplir ciertos requisitos.

En primer lugar, cada una de las empresas de este club debe tener una antigüedad de por lo menos doscientos años. Y en segundo lugar, un descendiente del fundador original de la empresa debe estar al mando, o formar parte del directorio de la empresa actualmente.

Entre algunos de los miembros del club tenemos a:

Empresa	Fundación	País	Generaciones	Rubro
Billecart-Salmon	1818	Francia	6	Champagne
Pietro Beretta	1526	Italia	14	Armería
Toraya	1500	Japón	17	Confitería
Hoshi	717	Japón	46	Hotel

En este último caso podemos imaginarnos al primer Hoshi, al hombre que levantó un edificio del cual hasta el día de hoy sus descendientes pueden disfrutar sus beneficios. Han pasado más de mil trescientos años, y cuarenta y seis generaciones hasta hoy, y esa construcción levantada aún sigue en pie.

Si este grupo de hombres edificaron algo y dejaron un legado terrenal para sus generaciones, ¿cuánto más nosotros debemos esforzarnos y pelear duro para construir algo firme y estable? Debemos dejar una plataforma para nuestros hijos sobre la cual ellos continúen edificando.

> **Debemos dejar una plataforma para nuestros hijos sobre la cual ellos continúen edificando**

No olvides esto:

> *"Conoce, pues, que Jehová tu Dios es Dios, Dios fiel, que guarda el pacto y la misericordia a los que le aman y guardan sus mandamientos, hasta mil generaciones". Deuteronomio 7:9 (RVR60)*

IDEA para pastores

Los abuelos no solo pueden apadrinar o ser consultores y consejeros de individuos, sino también de parejas. Pueden ser padrinos de oración de novios que se van a casar y seguir siendo columnas de ellos luego de la boda.

Una pareja de abuelos que haya vivido de todo puede ser la mejor guía para una pareja de recién casados, y no necesariamente por sus palabras, sino por su ejemplo y modelo, ya que hoy no podemos asumir que todas las nuevas parejas de nuestras iglesias hayan tenido buenos ejemplos en su hogar.

Si tienes un ministerio de matrimonios no olvides a los abuelos, tanto si son abuelos jóvenes como si son muy mayores o viudos, porque seguramente esconden algún potencial para la misión de tu ministerio de matrimonios.

Capítulo 13
Los años gloriosos

Capítulo 13 - Los años gloriosos

Theodore Roosevelt dijo: *"Nunca en mi vida he envidiado a un ser humano que llevó una vida fácil; he envidiado a muchas personas que llevaron vidas difíciles y las han llevado bien".*

Se suele decir que los años de ser abuelo son los años dorados, que deben ser los mejores años de tu vida. Como ya has trabajado, ahora se supone que puedes descansar y disfrutar, no solo de la vida sino también de la familia que Dios te ha dado.

¿Pero en verdad son esos los años dorados? Conocemos a muchos que, en su vejez, en su supuesta vida dorada, en lugar de disfrutar la vida están renegando de ella. Todos conocemos a aquel anciano a quien ni su familia y amigos escuchan porque es un viejito que todo el día anda peleando con todo. Reniega de la vida, reniega de la política, reniega hasta de su equipo de fútbol. Sin duda la vida no es para soportarla sino para disfrutar. Los años dorados deben ser para disfrutar del fruto de la vida y la verdad es que hacerlo tiene poco que ver con las circunstancias y todo que ver con nuestra actitud.

> Los años dorados deben ser para disfrutar del fruto de la vida y hacerlo tiene poco que ver con las circunstancias y todo que ver con nuestra actitud

Observa este famoso poema de Dylan Thomas.

No entres dócilmente

No entres dócilmente en esa noche quieta.
La vejez debería delirar y arder cuando se cierra el día;
enfurécete, enfurécete contra la agonía de la luz.

Aunque los sabios al morir entiendan que la tiniebla es justa,
porque sus palabras no ensartaron relámpagos,
no entran dócilmente en esa noche quieta.

Los buenos, que tras la última inquietud lloran por ese brillo
con que sus actos frágiles pudieron danzar en una bahía verde,
se enfurecen, se enfurecen contra la agonía de la luz.

Los locos, que atraparon y cantaron al sol en su carrera
y aprenden, ya muy tarde, que llenaron de pena su camino,
no entran dócilmente en esa noche quieta.

Los solemnes, cercanos a la muerte, que ven con mirada deslumbrante
cuánto los ojos ciegos pudieron alegrarse y arder como meteoros,
se enfurecen, se enfurecen contra la agonía de la luz.

Y tú, padre mío, allí, en tu triste apogeo
maldice, bendice, que yo ahora imploro con la vehemencia de tus lágrimas.
No entres dócilmente en esa noche quieta.

Enfurécete, enfurécete contra la agonía de la luz.

Este es un poema de Dylan Thomas. En él está diciendo que no te rindas, que sigas luchando y peleando por la vida, que estos años sean los más fructíferos de tu vida, como dice en Salmos 92:14:

> "Aun en su vejez producirán fruto y estarán llenos de vida y verdor".

Nuestro deseo es que no entres dócilmente en tus últimos años, y que no te rindas, aunque vivir haya sido difícil. Todos vamos a tener cicatrices a lo largo de la vida, pero cada una de ellas es una historia que tendremos para contar a nuestros nietos.

La muerte es un hecho inevitable, pero muchos empiezan el proceso de morir antes de tiempo. Simplemente se rinden, por eso Dylan Thomas dice "no entres dócilmente a esa noche quieta".

La muerte es un hecho inevitable, pero muchos empiezan el proceso de morir antes de tiempo. Simplemente se rinden

Dios tiene un plan y un llamado para todos y cada uno de los días de tu vida.

¿Por qué algunas personas mayores ceden tan pronto a "la agonía de la luz"? Por varias razones. A algunos se les ha dicho, verbalmente o con algunas señales, que ya no son necesarios, que ya no son valiosos. Se les pide que "¡abran paso a las siguientes generaciones!" y cuando escuchan eso, se alejan tanto del escenario central, que se van perdiendo entre la multitud en el fondo de una esquina. "Sus palabras no ensartaron relámpagos", así que callaron sus voces, porque ya nadie parecía estar escuchándolas.

Estas personas trágicamente sienten que sus vidas han terminado antes de tiempo. Sus mejores días parecen haber quedado atrás. No les queda nada más por ofrecer.

Hay un relato que cuenta la historia de una enfermera joven que menospreciaba a una anciana a la que atendía. La anciana le escribió a la enfermera: "Tú solo ves a una anciana, tú ves las arrugas y unos ojos que ya tienen la vista cansada, pero en mi mente, yo todavía veo aquella niña que fui a los dieciséis años, soñando con descubrir la vida. Todavía recuerdo cuando danzaba y corría cuando era joven. No me mires como una anciana, porque cada línea en esta cara tiene una historia que contar".

Desafortunadamente, hay personas que no te tratarán como la persona valiosa que eres. Hay lugares donde tu voz no será escuchada.

Buscar un lugar donde puedas ser celebrado, no significa buscar un lugar donde las personas quieran usar todas tus ideas. Debe ser un lugar que te desafíe y que te permita hacer cómodamente todas las cosas que estás acostumbrado a hacer.

No busques lo cómodo, busca un lugar donde seas valorado como persona, un lugar con personas que se aman unas a otras, y donde cada generación que entra por sus puertas, reconozca y acepte los dones únicos que cada quien tiene y honre la vida que ha vivido.

Es fácil recordar los días de gloria de cuando éramos jóvenes y expertos en un área en particular. ¿Qué ha cambiado en todos estos años que han pasado? Tu experiencia y sabiduría. De repente, el mundo ha cambiado, la tecnología avanzó en

A veces la vida puede hacernos sentir que ya no somos relevantes, pero tú eres más relevante ahora por la experiencia que has vivido

el área donde antes eras experto, pero todavía tienes la sabiduría y experiencia que es necesario compartir.

A veces la vida puede hacernos sentir que ya no somos relevantes, pero, al contrario, tú eres más re-levante ahora por la experiencia que has vivido.

Los *qué* y los *porqués*

¿Cómo podemos mantenernos frescos y cercanos a esta fuente de la juventud aun en la tercera edad? Estando cerca de los jóvenes, sentándonos para escucharlos atentamente cuando nos cuentan acerca de su vida e historia. Vale la pena hacerles preguntas que los hagan pensar, preguntas como: ¿cuáles son los aspectos no negociables de tu vida? Ahora bien, ¿cómo podemos definir un no negociable? Un no negociable es cuando podemos decir simplemente: "No me importa el costo o precio que tendré que pagar, yo no haré eso". Hazles esta pregunta a los jóvenes y deja que ellos hablen contigo sobre esto. Hazles preguntas sobre la importancia de la familia, la importancia de la comunidad de fe o la iglesia. No todo debe ser sobre la música que escuchan o la forma como se visten. Hay valores más trascendentales que esos, y vale la pena sentarse a conversar con ellos mientras toman un café. Hazles preguntas y escúchalos sin juzgarlos. Porque a lo largo de tu vida has acumulado la sabiduría suficiente como para ayudar a guiar los pasos de estos jóvenes, haciéndoles esas preguntas.

Para ayudar a la siguiente generación a encontrar los valores sobre los cuales construyen su vida, vale la pena encontrar el porqué antes del cómo y el cuándo. Es decir: ¿por qué haces esto?, ¿cuál es la razón?, ¿cómo puedes responder a esto? Porque habrá momentos en los que deberán tomar decisiones difíciles y cuando lo hagan, ¿sabes por qué tomaron estas decisiones?

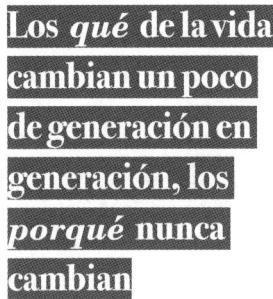

Los *qué* de la vida cambian un poco de generación en generación, los *porqué* nunca cambian

No siempre se trata del *qué*, sino más bien del *porqué*. Los *qué* de la vida cambian un poco de generación en generación; los *porqué* nunca cambian. En otras palabras, el *qué* de nuestra vida solo existe para servir a los *porqué* de nuestra vida.

Cuando insistimos en que nuestros *porqué* sirvan a nuestros *qué*, nos volvemos irrelevantes y somos vistos como viejos y anticuados. ¿Los no negociables incluyen cómo se visten las personas? ¿O la duración del servicio? Esos son un *qué*. Si tu *porqué* es que más personas lleguen a la iglesia y entren en una relación con Jesús, entonces tu *qué* tiene que crear un ambiente donde la gente se sienta bienvenida. ¿Cómo se ve un ambiente que hace sentir bienvenidas a las personas de tu comunidad?

¿Esto te frustra? ¿Te hace enojar? ¿Te preguntas por qué necesito favorecer a los de la generación más joven? Porque cuando tú eras joven, es lo que otros hicieron o hubieran hecho por ti. Ahora que tienes la bendición de conocer a Jesús, ¿quieres guardar ese hermoso mensaje para ti mismo o estás dispuesto a rendir tus preferencias con el fin de que otros conozcan la verdad sobre la gracia de Dios?

¿Quieres tener un rol significativo en tu iglesia? ¡Espero que sí! ¿Cómo puedes lograrlo? Averigua el porqué de tu iglesia, y si este va en contra de tus preferencias, es tiempo de hacer un cambio.

Estamos hablando de la iglesia generacional pero muchos de la tercera edad, los abuelos, quieren que la iglesia siga igual a cuando ellos eran jóvenes, no dejando espacio para la siguiente generación. Sin embargo, reconozcamos que esto es importante.

Como hemos dicho antes, ¿qué abuelo no quiere ver a sus nietos apasionados por Dios? Entonces el *porqué* es tener una iglesia generacional.

Si tus preferencias son la música que cantabas hace cuarenta años, lo siento, esto es un no negociable, estoy dispuesto a escuchar su música, si es que podemos estar juntos en la iglesia.

No es tan difícil. Pregúntales a tus hijos y nietos cuáles son sus preferencias. ¿Qué les gustaría ver en la iglesia?

Los jóvenes pueden ser nuestros traductores de la tercera edad a la siguiente generación, porque llega un momento en que simplemente algunos ancianos dicen "ya no los entiendo" y se alejan y convierten en esos viejos medio rezongones. Como hemos dicho, no queremos llegar a la vejez siendo así, queremos tener mucho fruto al final de nuestra vida. Y eso consiste en lograr posicionar a nuestros hijos y a la siguiente generación para tener éxito en la fe.

Usamos la palabra traductor porque eso es lo que estamos haciendo con el mensaje de Jesús. El mundo que nos rodea no entiende. Sus ojos están cegados a la verdad de Dios. Tenemos un privilegio único, como Iglesia y como cristianos, de presentar la verdad de Dios al mundo de una manera que se pueda entender.

¿Les parecería normal que alguien llegara a su país hablando un idioma extranjero, y luego se enojara porque la gente no lo entiende? Nosotros llegamos a Perú en 1983 como misioneros, y todo misionero sabe que aprender el idioma, la cultura y los valores de un país es esencial para conectarse con la gente de allí.

Los jóvenes de las generaciones que vienen después de nosotros son tan diferentes que a veces ¡hasta parece que también podrían ser de un país diferente! Hablan un vocabulario completamente distinto al nuestro, usan con total naturalidad tecnologías que ni siquiera existían diez años atrás e incluso tienen valores y prioridades diferentes a las nuestras.

No podemos esperar que aprendan nuestro idioma. Debemos nosotros aprender el suyo.

Anima a los matrimonios jóvenes con hijos menores de dieciséis años a invitar a los abuelos de la iglesia a cenar a sus casas. Enséñales a preparar a sus hijos para escuchar historias. A primera vista, los principales beneficiados serán los abuelos, pero la verdad es que más lo serán esos hijos, al ver a sus padres honrar a los mayores y escuchar historias que les inspiren a confiar en el Señor.

Capítulo 14

Constructores de puentes

Capítulo 14 – Constructores de puentes

La Biblia habla mucho de construir y reconstruir; por ejemplo, en la historia de Nehemías. Es vital que construyamos puentes hacia las generaciones que nos seguirán. Si construimos esos puentes detrás nuestro, podremos animarlos cuando los recorran.

Salomón tuvo un comienzo increíble. Cuando recibió el reino de su padre David, ofreció un gran sacrificio para honrar a Dios. Dios se le acercó y le dijo: "Cualquier cosa que quieras de mí, te la daré". Salomón le pidió sabiduría. Y sabemos que no pidió sabiduría para sí mismo, sino que la pidió para guiar bien al pueblo de Dios. Cuando era un joven y nuevo líder, Salomón reconoció que necesitaba desesperadamente la sabiduría de Dios.

Qué hermoso es cuando la Iglesia de hoy está llena de jóvenes y vemos nuevos líderes siendo levantados. Y qué hermoso es cuando toda una generación de abuelos puede ayudarlos y guiarlos dándoles una voz de sabiduría para sus vidas.

Desafortunadamente, a lo largo de los años, Salomón empezó a cambiar a sus asesores y comenzó a escuchar voces equivocadas. Se casó con mujeres de diferentes naciones y religiones. Y si miramos la vida de Salomón, él dice:

> *"Tomaba para mí cuanto se me antojaba, y no me privaba de ningún goce". Eclesiastés 2:10a*

En otras palabras, estaba diciendo "pensé que la vida se trataba de ascender, de tener un auto más grande, de tener más dinero en mi cuenta, de tener más trabajadores, más influencia y más poder". Y al final del verso 17 dice: "Todo es insensatez, ¡es correr tras el viento!".

No hay nada más frustrante en la vida de una persona que el darse cuenta de que ha vivido una vida irrelevante. La etapa de ser abuelo es una etapa para construir puentes. Este es el tiempo más relevante en su vida, no solamente para compartir su sabiduría y sus experiencias, sino también para decir: "He recorrido este camino antes. Déjame contarte algunas de mis experiencias".

En Eclesiastés 3:11, después de que Salomón termina de decir que nada tiene sentido en esta vida, él dice algo que me encanta:

"Todo está bien en su momento oportuno. Pero si bien Dios ha plantado la eternidad en el corazón de todo hombre y mujer, el ser humano es incapaz de una plena visión de la obra de Dios de principio a fin".

Si construimos puentes con las generaciones que nos siguen, los abuelos volverán a ser uno de los recursos y herramientas más valiosos que tendremos en la iglesia

Si construimos puentes desde ahora y hasta la eternidad con las generaciones que nos siguen, los abuelos volverán a ser uno de los recursos y herramientas más valiosos que tendremos en la iglesia. El construirlos consiste en caminar al lado de los jóvenes diciéndoles: "No cometas los mismos errores que yo cometí". Eso es lo que estaba diciendo Salomón en Eclesiastés. "Corrí tras el viento".

No se puede atrapar al viento. Simplemente se sigue corriendo tras él. Hay tantas personas que a lo largo de sus vidas corren tras aquello que piensan que les hará felices, y al final, cuando están mirando atrás dicen "¿Para qué lo hice?".

Qué gran regalo podríamos ser si nos convertimos en constructores de puentes para las siguientes generaciones, a fin de que puedan seguir adelante; no con remordimiento o pena, sino sabiendo que sus vidas ya contienen en ellas la eternidad.

Enséñanos a contar bien nuestros días

> *Salmos 90:12 nos dice: "Enséñanos a contar bien nuestros días para que nuestro corazón se llene de sabiduría".*

Una persona promedio vive alrededor de treinta mil días.

Algunas de nuestras mejores oportunidades se pueden encontrar cuando hemos acumulado veinticuatro o veinticinco mil días. Siempre hay momentos en la vida en los que, mirando hacia atrás, podemos reconocer: "¡Ay, cometí un error en mi juventud!".

Hasta el apóstol Pablo se acordó de los pecados de su juventud y en sus tiempos de madurez, le pidió a Dios que perdonara y olvidara esos errores juveniles.

La verdad es que todos tenemos áreas de nuestra vida que cuando miramos hacia atrás decimos "¿En qué estaba pensando?".

El valor de los abuelos en la iglesia es poder guiar a los jóvenes diciéndoles "no sigas por este camino, yo lo hice y no resultó bien; ten cuidado de no hacer lo mismo". El valor de una iglesia generacional es lo que más que nunca necesitamos hoy.

> **Si existiera una iglesia solo compuesta por personas mayores, esta no sería saludable. De igual manera, una iglesia formada solamente por jóvenes tampoco sería saludable**

Si existiera una iglesia solo compuesta por personas mayores, esta no sería saludable. De igual manera, una iglesia formada solamente por jóvenes, tampoco sería saludable.

La iglesia solo es saludable cuando es generacional, cuando podemos sentarnos uno al lado del otro alabando a nuestro Señor.

Siempre debemos crear espacios para atraer a la siguiente generación, otorgándole algunas preferencias, que pueden ser en el estilo de la música que tocamos, en la ropa o el estilo del mensaje.

Debemos aclarar que solo estamos hablando del "estilo" del mensaje, y no de su contenido, ya que el mensaje central es el mismo; nunca ha cambiado. Simplemente tratemos de atraerlos con el propósito de que ellos puedan ser instruidos para obtener lo mejor que Dios tiene para sus vidas.

Dios, enséñanos a contar bien nuestros días. Como dice Vince Hayner: "El último capítulo de la vida puede ser el mejor"

Los abuelos deben aceptar que la iglesia no puede ser igual a como lo era antes si quieren ganar a las nuevas generaciones. Debemos contagiarles la pasión por las nuevas generaciones para que puedan hacer el sacrificio. Tenemos que hacerlos cómplices de la actualización de la iglesia por amor a quienes vienen detrás; por eso es bueno que en reuniones para abuelos tengas jóvenes, adolescentes y hasta niños explicando lo que les gustaría que la iglesia fuera para ellos.

A algunos abuelos les va a costar cambiar sus gustos, costumbres y tradiciones por otras más nuevas. Por eso, no es mala idea que cada edad tenga su propia oferta de liturgia y actividades. Pero no seamos cómplices aislando a las generaciones entre sí, aunque sería bueno que cada una tenga espacio para sus gustos; los estilos musicales, por ejemplo, son generacionales y es bastante torpe creer que "los de antes son de Dios y los de ahora del diablo". Esos de antes también fueron nuevos alguna vez y esa es una discusión de nunca acabar. Asegúrate de que los mayores entiendan que tienen que hacer concesiones, como lo hicieron los misioneros que necesitaron aprender a hablar en otros idiomas para predicar el evangelio.

Capítulo 15

Sin temor al futuro

Capítulo 15 - Sin temor al futuro

Quizás hayas visto este poema alguna vez; es bueno recordarlo y si no, es bueno que lo conozcas. Léelo con cuidado:

> *"La tierra nunca volverá a ser la misma,*
> *La roca, el agua, el árbol, el hierro comparten este dolor,*
> *mientras las estrellas distantes participan de él.*
> *Una vela apagada, una estrella u hoja que caen,*
> *La muerte de un delfín, oh, esta pérdida en particular,*
> *un Cielo que se lamenta; por el que ningún ángel lloró*
> *si este pequeño fuera arrojado como escoria,*
> *las mismas galaxias hubiesen mentido.*
> *¿Cómo cantaremos ahora nuestra canción de amor,*
> *en esta tierra extraña donde todo nace para morir?*
> *Cada árbol y hoja y estrella nos muestran cómo*
> *el universo es parte de este grito,*
> *cada vida es conocida y apreciada*
> *y nada amado se pierde ni perece".*

-Madeleine L'Engle

Si nos fijamos en la generación de hoy en las redes sociales, nos daremos cuenta de que no siempre son amables; hay mucho bullying. No sé si has visto los memes, que son esas imágenes con las que se burlan de otras personas. Es muy feo cuando alguien se ríe de los defectos de otra persona o se maltratan entre cristianos. En algunos de esos memes se burlan de quienes somos abuelos y no entendemos las nuevas tecnologías.

Pero de pronto, algo cambió en 2020. Llegó la pandemia de coronavirus y obligó a todo el mundo, especialmente a los abuelos, a aprender eso a lo que por mucho tiempo se habían resistido, y tuvieron que entrar casi a la fuerza en la tecnología.

Cuando el coronavirus llegó al mundo, fue un evento sin precedentes, y los más golpeados fueron los de la tercera edad, los mayores de sesenta años, quienes antes se habían resistido a incluir la tecnología en sus vidas. Estaban acostumbrados a darles el smartphone a sus hijos para pedirles ayuda, ya que no entendían del todo las funciones que tenía.

Pero comenzó a suceder algo más. Los abuelos que antes habían considerado a las tecnologías como algo complicado, entraron en una desesperación por conectarse y hablar con sus hijos y nietos, a los que ya no podían ver en persona.

Así que empezaron a averiguar cómo usar las diferentes apps, como WhatsApp y Zoom, para poder enviarles mensajes de texto, hacer facetime o videollamadas y ver a sus familiares.

Es interesante cómo el deseo de conectarse con la familia los obligó a aprender y usar los teléfonos o tablets para poder reunirse con sus seres queridos.

Esto es muy parecido a lo que pasó cuando el pueblo de Dios estaba en el desierto. Era Dios quien definitivamente los estaba guiando, pero no solo eso; ellos estaban aprendiendo algo nuevo, algo que les sería útil en el futuro en la tierra prometida. De la misma manera, en este tiempo, nuestra generación está siendo obligada a conectarse por medios que antes no consideraba importantes. Gracias a Dios seguimos aprendiendo cosas nuevas.

En nuestra iglesia, los jóvenes comenzaron a enseñar a las

personas mayores a usar Zoom para que pudieran entrar en nuestros grupos pequeños, y se pudieran mantener en comunidad, cuando antes estaban acostumbrados a solo congregarse en la iglesia. Y de esta manera, a través de Instagram, Zoom, Facebook y otros medios podían mantenerse conectados como antes. Todo esto no ha sido malo, porque la generación de los más jóvenes enseñó a los mayores, y todo el mundo fue empujado a usar la tecnología.

Confieso que para mi edad (habla Robert) estaba bastante contento usando algunas funciones básicas de mi computadora y mi teléfono celular, hasta que llegó el tiempo de la cuarentena y del coronavirus. A partir de ahí, fui impulsado, por necesidad a aprender a usar internet para dar mis mensajes online a través de las diferentes plataformas. Me vi en la necesidad de no solo usar mi teléfono para llamar a las personas, sino que también tuve que aprender a usar la cámara para grabar mis mensajes y así compartirlos con toda la congregación. Tuve que aprender a usar micrófonos de otras maneras y aprendí la importancia y la diferencia entre una luz cálida y una luz fría para hacer agradables los mensajes. En otras palabras, fui impulsado a entrar en un nuevo mundo.

También nos dimos cuenta de algo: antes de la cuarentena, cuando todavía teníamos reuniones presenciales, habíamos logrado en nuestra iglesia rebajar los mensajes dominicales a treinta minutos en promedio, pero ahora nos dimos cuenta de que en el mundo online existe otra realidad.

Buscando en internet descubrimos que el número de personas conectadas a los servicios dominicales comienza a bajar después de treinta minutos; es ahí cuando advertimos que no era importante predicar un mensaje largo, sino que lo fundamental era conectarnos con la gente mientras estaba online, y esto requería que nuestro mensaje se recortara de treinta minutos a solo quince. Eso me hizo recordar a mi mentor, que una vez me dijo que si no podía lograr que mi prédica durara treinta minutos, entonces no estaba preparado para dar mi mensaje. Hoy seguimos haciendo lo mismo, prepararnos para dar el mensaje, solo que ahora disponemos solamente de quince minutos. Aun teniendo menos tiempo, la palabra sigue haciendo su obra y sigue siendo poderosa para cambiar vidas.

Mientras los métodos cambian, el mensaje sigue siendo el mismo

Para ser honesto, yo no tenía ningún interés en aprender ninguna de estas nuevas habilidades ni de conocer aplicaciones o dispositivos tecnológicos. Fue doloroso tener que empezar de cero y aprender una forma completamente novedosa y diferente de hacer la vida de iglesia, pero al final valió la pena. Al convertirse en una necesidad, en lugar de luchar contra ella, tomé la decisión de aprender.

Un mundo nuevo nos espera

El mundo está cambiando a mayor velocidad de la que estábamos acostumbrados. Siempre enseñamos en la iglesia sobre "no temer al cambio". Otra manera de decirlo es "deja de defender lo que no funciona". Los que tenemos mi edad por lo general defendemos el pasado y tenemos nostalgia por los tiempos pasados, por aquellos años... Pero mirando lo que venía tuvimos que darnos cuenta de que eso que conocíamos como normal ya no existía; muchos querían volver a lo habitual, pero lo habitual ya no existe, hoy estamos llegando a una nueva normalidad, y esta implica el uso de la tecnología.

La verdad es que vemos esto como algo profético. En la Biblia, en el capítulo 1 de Efesios dice que Jesús vino en la plenitud de los tiempos. Esta palabra quiere decir que cuando todo el mundo estaba preparado para recibir el Evangelio, Jesús vino. Se refería a los caminos romanos, lo cual hacía fácil que el Evangelio se esparciera por todo el mundo. También hablaba del idioma que podía llegar a todo el mundo y así poder predicar en un mismo idioma para que todo el mundo entendiera. En la actualidad, Jesús, antes de volver, va a unir a todo el mundo otra vez a usando caminos nuevos, y obviamente uno de esos caminos es el uso de internet. Como tenemos acceso a que el Evangelio llegue a más personas, animamos a los de la tercera edad a que no se resistan, y más bien aprendan a usar esta tecnología para la palabra de Dios y el Evangelio.

A través de la historia, vemos que las iglesias que no están dispuestas a cambiar, mueren lentamente. Cuántas veces vemos edificios de iglesias que hoy son parte de la historia, y cuando las veo inmediatamente pienso "¿por qué será que hoy están vacías?". Hay muchas de esas iglesias en Europa que, tristemente, hoy en día se han convertido en restaurantes, museos y algunas son hasta bares o pubs.

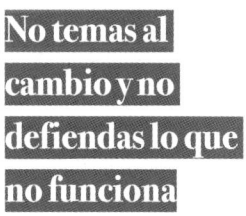

No temas al cambio y no defiendas lo que no funciona

Es triste pensar que existieron abuelos, abuelas y familias enteras que un tiempo atrás se sacrificaron para construir la casa de Dios, dieron sus diezmos, ofrendas y parte de sus vidas para levantar esas iglesias, y tiempo después la siguiente generación permitió que se convirtieran en restaurantes y museos.

A veces pienso acerca de cuántas noches de gloria se dieron en esos lugares, cuántas noches especiales en familia se celebraron allí, con risas y cánticos, para que hoy día terminen convertidos en pubs.

Si no deseas que ese sea el futuro de tu iglesia, entonces "no temas al cambio".

Una vez más, recuerda que los métodos cambian, y durante el coronavirus vimos que lo hicieron rápidamente. Pero mientras los métodos cambian el mensaje sigue siendo el mismo; sigue siendo poderoso, por eso decimos no temas al cambio y no defiendas lo que no funciona.

Ahora vivimos en un mundo nuevo.

Muchos estarán pensando en las cosas buenas que se perdieron de la época pasada, en la generación anterior, en lugar de adoptar lo que ahora está llegando. Pero si abrazamos las nuevas tecnologías y somos esforzados en ellas, rejuveneceremos y pronto todos se darán cuenta de que todavía tenemos un rol muy importante y valioso que cumplir. Aprendamos entonces esas nuevas tecnologías.

La verdad es que tú, que ahora perteneces la tercera edad, a esos años dorados, hoy eres más necesario que nunca. Es cierto que ya no somos jóvenes, **La experiencia, la sabiduría y el amor paterno pueden ser de gran valor para ayudar a la siguiente generación** y que en número somos menos, pero precisamente eso y todo lo que sabemos de la vida es lo que nos convierte en personas sumamente valiosas. La experiencia, la sabiduría y el amor paterno pueden ser de gran valor para ayudar a la siguiente generación. Pero claro, debemos saber que existe una nueva forma de comunicarse que tenemos que aprender. Lo bueno es que tenemos a nuestros hijos y a los jóvenes de la iglesia dispuestos a enseñarnos.

Si quieres que tus hijos entren en tu mundo, primero tienes que entrar en el de ellos. Abuelo, anímate a entrar al mundo de los jóvenes, cuando ellos estén jugando con sus videos en línea. Siéntate con ellos y pregúntales: "¿Qué es lo que estás haciendo?". Y luego diles: "Wow, creo que lo estás haciendo muy bien. ¿Cómo lo has aprendido?". Y verás con qué ánimo ellos te van a explicar todo lo que hacen.

La expectativa natural de muchos abuelos es enseñarles algo nuevo a sus nietos, pero el dejarse enseñar por ellos los puede ayudar a ganarse su cariño y tener así una mayor autoridad.

Anímalos a que inviten a sus nietos a casa para enseñarles algo nuevo, lo que sea. Ya sea algo tecnológico o algo que hayan estado aprendiendo en la escuela o iglesia. Si se trata de algo que los abuelos ya saben, prepáralos para que lo disimulen y sean "enseñables" con ellos. Hacer esto les dará a sus nietos un gran ejemplo de humildad. Aunque en el momento no lo noten, estarán aprendiendo a ser amables, y a seguir aprendiendo cosas el resto de sus vidas.

Capítulo 16

Darle paso a la siguiente generación

Capítulo 16 - Darle paso a la siguiente generación

Hace muchos años (habla Robert) hice la siguiente declaración delante de nuestra iglesia: "Estoy dispuesto a sacrificar una generación para alcanzar a la siguiente". Obviamente estas palabras ofendieron a algunas personas mayores. Se sintieron heridas por mis palabras y decían: "¿Qué significa eso de que nos vas a sacrificar por la siguiente generación?". Pero cuando les expliqué lo que quería decir, lo entendieron. Les dije: "Miren, los necesitamos ahora más que nunca, necesitamos que nos ayuden a guiar a estos jóvenes".

Recuerden, la mayoría de los jóvenes de hoy vienen de familias disfuncionales o heridas, sin padres en casa o con padres ausentes, y cuando vienen a la iglesia están buscando modelos que seguir. De esos hombres mayores, cuando les preguntamos si quieren que sus hijos sufran lo que ellos han sufrido, todos, el 100%, ha respondido que no. No quiero que mis hijos sufran lo que yo he sufrí, quiero otra vida para ellos. Por eso estamos buscando modelos, y todos los que somos abuelos en la iglesia tenemos la gran oportunidad de ser ese modelo para ellos. Al entrar en su mundo e interesarnos, veremos cuán rápido comenzarán a desear que los instruyamos para tener una familia mejor.

No olviden que en una iglesia sana, en una iglesia estable, existen buenos modelos, comenzando por la familia pastoral; pero también incluimos a las demás familias de la iglesia, a los abuelos, a hombres y mujeres de experiencia, que adoptan a los jóvenes para mostrarles un futuro mejor. Muchas de esas familias sanas, no lo eran cuando llegaron a la iglesia, pero fueron instruidas y Dios las restauró, y ahora son modelos para la siguiente generación. El resultado es una iglesia saludable. Esos abuelos tienen ahora la bendición de poder ayudar a los jóvenes a no sufrir como ellos, y de darles la oportunidad a sus propios hijos de crecer de otra manera.

Así, las personas mayores encontraron un propósito al caminar junto con nosotros, mientras alcanzamos a las próximas generaciones. Necesitábamos que fueran modelos a seguir y mentores de las generaciones más jóvenes que estaban en nuestra iglesia. Su trabajo no solo era importante, era vital.

También me di cuenta de que quizá hubiera sido mejor si lo explicaba así: no queremos ser una iglesia que sacrifique a los mayores; queremos ser una iglesia generacional. Una iglesia generacional que siempre esté inclinada hacia los jóvenes y las siguientes generaciones.

> **No estamos sacrificando a las generaciones mayores, solo las estamos ayudando a valorar a las más jóvenes por encima de sus preferencias personales**

La verdad es que todas tienen un increíble valor que añadirse las unas a las otras, y no estamos sacrificando a las generaciones mayores; solo las estamos ayudando a valorar a las más jóvenes por encima de sus preferencias personales.

Lo que aprendimos de Apple

Cuando hablamos de darles lugar o que "nos inclinamos hacia la siguiente generación", básicamente lo que queremos decir es que "todo lo que hacemos en nuestra iglesia se centra en la juventud". Hacemos marketing por los jóvenes, nuestras alabanzas están dirigidas hacia los jóvenes y cada video o mensaje que producimos está dirigido a ellos.

Algunas personas podrán preguntar: "¿Por qué hacen eso?". Lo explico con un ejemplo: ¿Quiénes compran los productos iPhone o Apple? ¿Saben dentro de qué rango de edades están los que los compran? Apple crea sus productos pensando en los más jóvenes, pero la realidad es que son los adultos, en especial los adultos mayores, los que compran la mayoría de esos productos. Según un estudio de 2015, los hombres mayores de 65 son los que más dinero gastan en productos de Apple[4].

Apple entiende un principio realmente útil. Ellos principalmente orientan toda la publicidad hacia la juventud, es decir, a jóvenes de entre 18 y 25 años de edad,[5] pero saben perfectamente que la gente mayor, los adultos de 65 años para arriba, son los que están comprando los productos de Apple. ¿Por qué? ¿Qué nos dice esto? Esto nos muestra que la gente mayor no solo tiene el dinero para comprar esos equipos, sino que también quieren ser "cool" como sus hijos.

Esto es importante, porque muchos me dicen que si hacemos la iglesia para los jóvenes, vamos a perder a la gente mayor, y esto no es cierto. Porque la verdad es que cuando la gente mayor ve a los jóvenes en la iglesia, no solo se sienten atraídos, sino que también ellos quieren ser jóvenes.

¿Cómo funciona esto? Es algo que Apple ha aprendido, y que nosotros aplicamos en la iglesia. Los de 14 años quieren tener 18, y los de 50 quieren tener 25. Por lo cual, si enfocamos nuestra iglesia hacia a la juventud de entre 18 y 25, alcanzamos a todas las generaciones.

---

4 King, Hope. 2020. "Who Is Buying Apple Products? Old Men". CNN money. Consultado: 16 de abril de 2020. https://money.cnn.com/2015/10/29/technology/apple-customers/index.html

5 Dudovskiy, John. 2019. "Apple Segmentation, Targeting And Positioning - Research-Methodology". Research-Methodology. Consultado: 16 de abril 2020. https://research-methodology.net/apple-segmentation-targeting-and-positioning/

De vez en cuando, un anciano se acercará a nosotros y dirá: "¡Pero queremos cantar nuestros himnos! ¡Extraño mi música!". Les respondo: "Hemos cantado esa canción durante los últimos treinta años. Es hora de que la próxima generación tenga su turno". Y ellos responden: "Pero esta música que estamos cantando ahora es para los jóvenes. No nos gusta". Yo les respondo: "Puede que no te guste, pero a tus hijos y a tus nietos sí". ¿Qué abuelos no quieren ver a sus nietos adorando apasionadamente a Dios en el altar? ¿Qué abuelos no quieren ver a sus hijos y a los hijos de sus hijos adorando juntos?

Así que cuando nos dicen: "¡Queremos nuestros himnos!", respondemos: "¿De verdad los quieres?". Las estadísticas señalan que cuando una familia se muda de ciudad y busca una iglesia nueva, si a los padres les gusta la iglesia, pero los niños prefieren una diferente, lo más probable es que los padres vayan donde sus hijos estén satisfechos. Porque cuando los niños son felices en la iglesia, todos los miembros de la familia pueden disfrutar y adorar juntos a Dios.

Una vez que la generación mayor se conecta a una iglesia que les brinda la vida, juventud, emoción y esa energía que los jóvenes traen, se dan cuenta de que pueden contribuir con su sabiduría y experiencia a esta generación más joven. Después de un tiempo, esos huesos viejos comienzan a sentirse jóvenes de nuevo, a medida que su sangre comienza a bombear con propósito y potencial. Rejuvenecen. Comienzan a cantar y saltar junto a los jóvenes en las alabanzas.

Una vez que sus preferencias se inclinan hacia la juventud, comienzan a ver la emoción y la oportunidad frente a ellos; ya no quieren volver atrás, les sería difícil volver a una iglesia tradicional, porque la juventud siempre trae vida y, a decir verdad, los jóvenes necesitan a la gente mayor en la iglesia.

Una visión generacional

> «Luego mandó a llamar a su hijo Salomón, y le encargó que construyera el templo del Señor, Dios de Israel. ⁷ Le dijo: "Hijo mío, yo quería construir un templo para honrar al Señor mi Dios, pero él me dijo: 'No serás tú quien me construya un templo para honrar mi nombre, pues tú has dirigido muchas guerras y has dado muerte a mucha gente. Pero te daré un hijo, el cual va a ser un hombre de paz, porque yo haré que sus enemigos lo dejen en paz, de modo que Israel vivirá tranquilo durante su reinado. Por eso, se llamará Salomón. Él construirá mi templo, y será como mi propio hijo, y seré para él su Padre, y haré que sus hijos y descendientes reinen sobre cada generación de Israel'. Ahora pues, hijo mío, que el Señor te ayude, para que puedas construir el templo para él, y cumpla lo que ha dicho en cuanto a ti. Y quiera el Señor darte el buen criterio y la inteligencia suficientes para seguir todas sus leyes cuando él te haga rey de Israel. Porque si obedeces cuidadosamente las normas y reglamentos que él dio a Israel por medio de Moisés, vas a prosperar. ¡Sé enérgico y valiente, entusiasta y sin miedo!"». 1 Crónicas 22:6-13

En estos versos podemos encontrar algo muy importante. Cuando Salomón se refiere a su padre, dice algo que capta mi atención: "Mi padre tuvo en su corazón edificar la casa de Dios". Esta sola declaración es muy impactante y revela el nivel de relación cercana que había entre

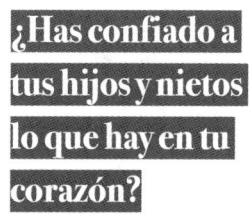

¿Has confiado a tus hijos y nietos lo que hay en tu corazón?

Salomón y David. Yo pregunto a los hijos: ¿saben lo que hay en el corazón de sus padres o abuelos? Pregunto a los padres: ¿han confiado a sus hijos y nietos lo que hay en su corazón?

La Biblia dice que Salomón sabía lo que había en el corazón de David, su padre, y lo que había era edificar una casa para Dios.

¿Qué dirán nuestros hijos acerca de lo que hay en nuestro corazón? ¿Qué dirán? Algunos dirán "mi padre tuvo en su corazón practicar un deporte"; otros quizás digan "mi padre tenía en su corazón una sola cosa: su trabajo"; para otros quizás todo gira en torno a su auto; o quizás digan "lo que había en el corazón de mi abuelo era la pesca", etc.

Pero les pregunto nuevamente: ¿Qué hay en nuestro corazón? ¿Qué es lo que deseamos transmitir a nuestros hijos y nietos?

Para Salomón estaba claro: cuántas veces habrá escuchado de su padre David historias sobre el tiempo en que enfrentó en batalla a Goliat, solo porque este gigante estaba blasfemando el nombre de Dios, o cuántas veces habrá oído Salomón a su padre hablar de su pasión por la casa de Dios. Los conocidos Salmos de David hablan de lo que había en su corazón:

> *"Un solo día en tu templo es mejor que mil en cualquier otro sitio. Preferiría ser portero del templo de mi Dios que vivir una vida cómoda en palacios de maldad".* Salmos 84:10

> *"Me alegré mucho cuando me dijeron: "Vamos a la casa del Señor".*
> Salmos 122:1

En otras palabras, lo que había en el corazón de David pasó al corazón de su hijo. Y su hijo Salomón terminó de construir la visión de David, su padre.

Esto nos muestra algo que es poderoso. David tuvo una visión tan grande, que fue imposible alcanzarla durante su propia vida, dentro de su generación. Fue una visión generacional. Esto nos anima a seguir soñando, porque para Dios no hay nada imposible; nos anima a cruzar los límites que muchas veces nos autoimponemos. Soñemos en grande y dejemos un legado que nuestros hijos y nietos continúen.

> **Soñemos en grande y dejemos un legado que nuestros hijos y nietos continúen**

La visión que David tuvo fue tal que fue más allá de su tiempo en la tierra, y su hijo la completó al edificar la casa para Dios.

Jesús mismo inició algo que luego debía ser continuado por sus discípulos, en quienes previamente había sembrado una visión, y les encomendó continuarla cuando les dijo:

> *"Por lo tanto, vayan y hagan discípulos en todas las naciones. Bautícenlos en el nombre del Padre, del Hijo y del Espíritu Santo". Mateo 28:19*

> *"Les aseguro que el que cree en mí hará las mismas obras que yo hago, y hará obras todavía mayores porque yo vuelvo al Padre". Juan 14:12*

¿Tenemos en nuestro corazón alguna tarea o comisión que dar a nuestros hijos? ¿Deseamos que ellos puedan seguir nuestros pasos, con la misma o mayor pasión que la que hay en nuestro propio corazón?

Lo siguiente que podemos aprender de David es que a él no le fue permitido terminar la casa de Dios, porque fue un hombre de guerra. En otras palabras, él sí peleó batallas con los enemigos a su alrededor, enemigos que Dios mismo le pidió vencer porque eran un obstáculo para Israel. La Biblia dice que como David peleó estas batallas, su hijo Salomón tuvo paz todos los días de su vida. Y Salomón fue llamado hijo de paz.

> *"Pero te daré un hijo, el cual va a ser un hombre de paz, porque yo haré que sus enemigos lo dejen en paz, de modo que Israel vivirá tranquilo durante su reinado. Por eso, se llamará Salomón".* 1 Crónicas 22:9

Es importante saber esto porque David peleó batallas para poder darle a su hijo la paz.

Recuerda que, cuando hablamos de Moisés, dijimos que su generación fue la que debería haber pasado por el desierto y peleado las batallas, pero aquellas que Moisés y su generación no lucharon, las tuvo que pelear la siguiente generación. Aquí vemos que David sí peleó las batallas y dejó paz para sus hijos.

Hoy en día hay cosas por las que vale la pena pelear; hoy las batallas no son contra carne ni sangre, sino que son de otro tipo. Se trata de batallas contra las adicciones, contra los hábitos dañinos que nos perjudican, contra nuestras malas conductas en lo económico.

Vale la pena luchar por nuestros hijos, para que podamos posicionarlos y no tengan que luchar ellos; debemos pelear en la vida para que no tengan que sufrir como nuestros abuelos, sino estar encaminados al éxito.

Recuerda que un buen hombre deja su herencia hasta la tercera y cuarta generación; seamos nosotros la generación que posiciona a nuestros hijos y nietos para el éxito en la vida.

Crea experiencias intensas y de corta duración, como campamentos o viajes de servicio para abuelos y nietos. Estas experiencias serán memorables tanto para los abuelos, los nietos e incluso los padres, que descansarán un par de días de tener a sus hijos correteando o reclamando su atención en casa.

La verdad, no hace falta que sea una experiencia larga y puede ser un día desde la mañana a la noche en una excursión, aunque que si al menos pasan una noche le va a añadir a la experiencia un toque extra que en un solo día no lograrás.

Salir un viernes por la tarde y volver el domingo puede ser un período ideal para crear actividades, competencias y diálogos entre abuelos y nietos, aunque no estaría mal que en medio de la experiencia tengan también actividades para unos y otros por separado.

Para el programa deberás tener en cuenta las edades y la movilidad de los participantes, pero enfatizamos la palabra "intenso" porque para que la experiencia sea memorable y eficaz deberás proponerte proveerles de un buen ritmo de actividades planificadas, para que se acerquen y diviertan.

ANEXOS

Un Dios de generaciones / Por Jenna

La Biblia está repleta de referencias a que Dios presta una especial atención a la secuencia generacional. Algunos versículos que lo dejan en claro son:

Génesis 17:7

"Contigo y con tus descendientes haré un pacto que durará para siempre. Debido a este pacto, yo seré tu Dios y el Dios de tus descendientes".

Éxodo 3:15

"Además, Dios agregó: 'Diles a los israelitas: El Señor, el Dios de sus antepasados Abraham, Isaac y Jacob me ha enviado a ustedes. Este es mi nombre eterno y por este nombre seré conocido a través de las generaciones'".

Éxodo 12:14 (RVR60)

"Y este día os será en memoria, y lo celebraréis como fiesta solemne para Jehová durante vuestras generaciones; por estatuto perpetuo lo celebraréis".

Levítico 23:43

"El propósito de esta fiesta es recordar al pueblo de Israel, año tras año, que yo los rescaté de Egipto, y que hice que vivieran en enramadas. Yo soy el Señor su Dios".

Josué 22:28

"Si ellos dicen esto, nuestros hijos podrán responder: 'Miren el altar del Señor que nuestros padres hicieron según el modelo original del altar del Señor. No es para ofrecer holocaustos ni sacrificios, sino como señal (es un símbolo) de la relación que ambos tenemos con el Señor'".

Ester 9:28
"Sería un acontecimiento que celebrarían anualmente, de generación en generación, todas las familias judías del mundo, para que la comunidad judía no olvidara jamás lo que ocurrió".

Salmos 22:30
"También nuestros hijos le servirán, porque de nuestros labios oirán las maravillas del Señor".

Salmos 78:4
"No esconderemos estas verdades a nuestros hijos; diremos a la generación venidera de las gloriosas obras del Señor, de su poder y de sus grandes milagros".

Joel 1:3
"Esto que va a suceder ustedes se lo contarán a sus hijos y ellos, a su vez, se lo contarán a sus propios hijos, de modo que la historia se irá contando de una generación a otra".

Tan claros son estos versículos que demuestran un aspecto del carácter de Dios. Él es el Dios que ve más allá de un momento preciso de la historia. Él establece su promesa de generación en generación. Y la prueba de que Dios es un Dios de generaciones y que esto parte de su carácter, se hace todavía más preciso en estos dos textos:

> **Éxodo 3:6**
>
> *"Yo soy el Dios de tus padres, el Dios de Abraham, de Isaac y de Jacob. Moisés se cubrió el rostro con ambas manos, porque tenía miedo de mirar a Dios".*
>
> **Mateo 22:32**
>
> *"Yo soy el Dios de Abraham, de Isaac y de Jacob. Dios no es Dios de muertos, sino de vivos".*

En otras palabras, es el Dios del abuelo, del padre y del hijo.

Si esto no fuera importante para Dios, no habría tantas menciones de genealogías en la Biblia.

Lo aterrador de los días actuales es que en algunas culturas y familias no se tiene conciencia de cómo nuestras decisiones afectan a la próxima generación y, de alguna manera, hemos acomodado nuestra vida solamente a lo que vemos ahora. Escogemos lo que nos resulta cómodo y fácil hoy, en lugar de tomar decisiones pensando en las generaciones futuras.

He escuchado a mi papá decir tantas veces que "las batallas que no peleamos nosotros, las tendrán que pelear las próximas generaciones".

Hay dos citas que recuerdo constantemente.

La primera es: "Aquellos que no se acuerdan del pasado, lo más probable es que lo repitan" (George Santayana).

> *Joel 1: 3 dice:*
>
> *"Esto que va a suceder ustedes se lo contarán a sus hijos y ellos, a su vez, se lo contarán a sus propios hijos, de modo que la historia se irá contando de una generación a otra".*

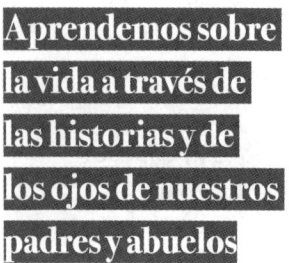

Aprendemos sobre la vida a través de las historias y de los ojos de nuestros padres y abuelos

Cuando Dios nos pide contar algo a nuestra generación y luego a la próxima, es para que siempre sepamos la historia, y para que podamos aprender de ella. Aprendemos sobre la vida a través de las historias y de los ojos de nuestros padres y abuelos.

La otra cita que siempre me persigue es: "Nunca se trata solo de ti y de mí. Se trata de las generaciones que siguen tus ejemplos" (Elisa Pulliam).

¡Yo me siento muy agradecida por mis padres! Para mí la familia lo es TODO. Ellos no solo me enseñaron cómo vivir o tomar decisiones. Los he visto caminar por diferentes etapas. Las buenas y las malas, las divertidas y las feas. Su fuerza, sabiduría, amabilidad y su gracia han sido una luz para mi propio viaje. Los conocía como los padres más increíbles, pero ahora los veo como los ejemplos más sorprendentes de cómo deberían ser un padre y un abuelo.

Al crecer, nunca supe lo que era crecer con una gran familia. Éramos mis padres, mi hermano y yo. En esa época la vida no era como ahora, donde fácilmente puedes hacer una llamada, escribir un mensaje rápido, o hacer una videollamada. En aquellos tiempos todavía se escribían cartas a mano, con lápiz y papel. Las llamadas telefónicas eran costosas y peor aún si eran al extranjero.

Mis padres cuentan que cuando eran chicos nunca tuvieron lo que nosotros tuvimos. Ellos crecieron teniendo padres ausentes y una vida dura. Sin embargo, supieron tomar buenas decisiones y elegir bien. Por lo general la gente repite las elecciones de sus padres, pero mis padres son la prueba de que se puede cambiar la historia.

Ellos dicen que nadie les enseñó cómo ser padres. Pero debido a las decisiones que tomaron, se convirtieron en cristianos de primera generación y nos han enseñado un nuevo y mejor camino para andar por una nueva vida. Si de alguna manera somos buenos padres, es porque ellos nos allanaron el camino. Nunca tomaron, y aún no toman, decisiones que les beneficien de manera personal, pues lo que constantemente procuran es construir una siguiente y más fuerte generación. Creo que las decisiones que toman siempre las hacen pensando en las generaciones más jóvenes; siempre están buscando lo mejor para mis hijos (sus nietos) con el fin de que ellos tengan un futuro mejor.

Ellos dicen que nunca tuvieron lo que nosotros tuvimos, pero ¿saben qué? Lo que están viviendo mis hijos debido a sus elecciones es lo mejor: la iglesia, que es nuestra familia. Debido a la elección de un hombre y una mujer de crear una familia, ahora tenemos una GRAN familia. Mis hijos tienen primos, tíos y tías, y los mejores abuelos, debido a sus elecciones.

Somos más fuertes cuando las generaciones se unen

Creo que somos más fuertes cuando las generaciones se unen.

Nos necesitamos unos a otros para crecer, madurar y mantenernos jóvenes. Necesitamos la sabiduría y las lecciones de vida de los abuelos y niños con el espíritu de nuestros hijos. No es que una generación sea mejor que la otra, sino que juntos somos mejores.

Aprendimos de mis padres cómo ser mejores padres y ahora también estamos aprendiendo qué tipo de abuelos queremos ser. Nuestra oración es que seamos como ellos cuando llegue el momento.

Somos más fuertes cuando estamos juntos

Creo que los abuelos reflejan la fuerza y la suavidad de Dios.

Tengo tres hijos, Sebastián, Alessandro y Angelique. Cuando nació Alessandro, siempre tenía infecciones de oídos que se volvieron crónicas.

Un día, cuando tenía un año, y después de haber estado tomando antibióticos durante diez días, Alessandro lloraba de dolor. El médico nos dio una cita de emergencia y me subí al auto con él mientras mi esposo se quedaba en casa con nuestro hijo mayor.

Cuando me dirigía al consultorio mi padre me llamó pidiéndome que nos reuniéramos antes porque quería darme dinero para pagar la cita del doctor. Cuando vio a Ale en el auto me dijo: "Jenna, yo voy a ir contigo". Mi papá y mi mamá **siempre** están allí cuando los necesito, no importa qué esté pasando. Pero eso no significaba que siempre me acompañaran a las citas médicas. Aquel ya era un **momento de Dios**.

Cuando llegamos al consultorio, el doctor lo examinó y dijo: "Si no corto en este momento para limpiar la infección, Alessandro podría perder parte de su audición... la verdad es que no hay tiempo ni para poner anestesia, tenemos que hacer algo urgente. Necesitamos cortar sin anestesia en este momento".

¿Te puedes imaginar eso? ¿Cómo le explicas a un niño que ni siquiera podía caminar y que expresaba un dolor terrible, que tendría que experimentar más dolor aún?

Para ser honesta, si mi padre no hubiera estado allí, no hubiera tenido la fuerza para contener a Ale. No hubiera tenido la fuerza física ni emocional para hacerlo. Fue difícil para nosotros pasar por eso en esa habitación.

Mi papá sostenía a Ale con mucha fuerza, para que Ale no se pudiera mover. Mi hijo gritaba y lloraba tratando de salir de esa posición, mientras mi papá lo abrazaba y sostenía con todas sus fuerzas, pero, a la vez, había tanta gentileza en su toque, que Ale no tenía miedo de su Pops (abuelo). Mientras mi papá sostenía a Ale, seguía diciéndole: "Te amo, estoy aquí, no te haré daño, te amo, todo va a estar bien, te amo, Ale".

Podría contarte muchas historias de mis padres, infinitos momentos en los que me he sentido abrazada con fuerza cuando lo he necesitado, y con tanta suavidad a la vez.

Sé que no todas las familias son tan bendecidas como la mía por tener este tipo de padres (abuelos). Pero miren a mis padres, se convirtieron en la primera generación y gracias a ellos nosotros, su hijos y nuestras familias, somos bendecidos y sus hijos también lo serán.

De hecho, creo que en Juan 10:10, cuando dice *«El ladrón solo viene a robar, matar y destruir. Yo he venido para que tengan vida, y para que la tengan en abundancia»*, se refiere no solo a una destrucción que puede afectar tus sueños o tus propósitos, sino también a tu familia y a las generaciones de tu familia.

Sin embargo, la Palabra te proporciona la respuesta o salida a cualquier ataque del enemigo. La Palabra tiene el antídoto, pues dice que donde hay dos o tres reunidos en nombre de Dios, allí está Él junto a ellos.

Estamos mejor juntos. ¡La familia lo es todo! Por eso, lucha por la familia, lucha por crear recuerdos y tradiciones. Crecemos más cuando estamos juntos.

No se trata de mí, se trata de ellos / Por Taylor

Jueces 2:10 dice:

"Finalmente murió toda aquella generación. Los que nacieron después de ellos, ya no fueron fieles al Señor su Dios, ni recordaban los actos portentosos que había hecho en favor de Israel".

Este es uno de los versos más tristes del mundo. ¿Quiénes formaban parte de esta generación?

Esa generación estaba formada por los nietos de Moisés. ¿Imaginas ser Moisés y que tus nietos no sepan lo que hiciste? ¿Que no sepan que partiste el Mar Rojo? ¿Que no sepan que tú hiciste brotar agua de una roca? ¿Que no sepan que el maná bajó del cielo y que había una columna de fuego en la noche y una nube de humo durante el día? ¿Que no sepan que tu cara brillaba cuando bajaste del monte Sinaí? ¿Que no sepan que tu ropa no envejecía? ¿Que no sepan todo lo que Dios había hecho?

¿Imaginas ser Moisés y que tus nietos no sepan que partiste el Mar Rojo?

Qué pasaría si das tu vida por una causa —y esa es Jesús—, y tus nietos no se enteraran nunca de lo que Dios hizo a través de ti... ¡Sería la tragedia más grande del mundo!

Tengo cuatro hijas y cuando nació la primera tenía una idea en mi mente. Le dije a mi esposa Chana: "¿Podrá ser que nuestra hija Mischa no sea una niña pinky pinky?". Es decir, que sea una niña que use ropa moderna, con colores como el negro, el plomo y el blanco (colores neutros). Chana me miró con ojos confundidos, como diciendo: "¿De qué hablas?" Yo le insistí: "¡Sí, por favor!" Y ella me dijo: "Ok, está bien, lo que tú quieras, Taylor".

Todo marchaba bien hasta que llegó el primer baby shower. Todos saben que en ellos tus amigos te traen regalos, y los que nos trajeron eran todos de color rosado y morado. Y pensé: Ok, ¡está bien!, solo es ropa que usará en la casa. La ropa de la calle será ropa de colores neutros, blanco, negro, gris y plomo.

Ya han pasado algunos años y no solamente la ropa de entrecasa es rosada, sino también la que usa para salir a la calle... ¡Ahora no solo mi casa está toda de rosado y morado, sino que también está llena de escarcha! Además de esto, todos mis muebles y las paredes están pintadas con colores "de mujeres". El televisor, que antes era **mi** televisor, donde veía el noticiero, mis deportes y películas de acción... ¡ahora la única programación que proyectan es la de Peppa Pig y Disney! No solo conozco el nombre de todas las princesas, sino que también sé el color del vestido de cada una de ellas, ¡y hasta sus vestidos alternativos! ¡Incluso sé quién es el "flaco" de cada una de esas princesas!

¡Y ni hablar de los playlists que tenía cuando Spotify era mío! Ahora en su lugar solo hay canciones infantiles que cantan nada más que cosas cursis y todo sobre mujeres. Si te da risa cuando escuchas esto, es porque quizás no soy el único y te sientes identificado conmigo. ¡Si eres padre o abuelo de mujeres, también será tu realidad!

Mis padres tienen en su casa una habitación dedicada a los juguetes de sus nietos. Era la habitación que yo usaba cuando vivía con ellos. Hasta consiguieron un columpio para sus nietos que está puesto cerca de la piscina y que mis hijas disfrutan cada vez que vamos de visita a su casa. Un día, mis padres nos confesaron que su meta es hacer que su casa sea lo más parecido a Disney para sus nietos, un lugar al que ellos llamen "su lugar favorito en el mundo".

Mirando en retrospectiva, eso me molesta un poco porque yo no tuve tantos juguetes como mis hijos, pero ya estoy planeando algo mejor para mis nietos.

Esto no es un fenómeno. Es la realidad en toda cultura a través de todo el mundo. Sea que vayas a China, Japón, África, Europa o Latinoamérica... los padres crean un espacio para los bebés, donde los abuelos se ponen de rodillas y hacen sonidos raros para los nietos.

Me pongo a pensar que, si la iglesia es la casa de Dios, y si la familia, tal como Dios lo estableció, es un espejo o un reflejo de lo que es la iglesia... ¿por qué entonces en ella pedimos que los niños canten nuestras canciones? ¿Que se vistan como nos vestimos? ¿Que se porten como nos comportamos?

Todos reconoceremos esta historia, la cual tristemente es más común de lo que pensamos. Es la historia de una mamá que tiene un bebé, al que lleva a la iglesia todos los domingos. El niño va creciendo mientras corretea con sus amigos en la iglesia, sus recuerdos están allí, en la iglesia. El niño va creciendo más y más hasta que tiene 13 años. A esta altura de su vida, ir a la iglesia se ha tornado en algo aburrido para él. Ya no se siente cómodo ni se ubica en la iglesia. De pronto, el niño tiene 18 años y casi es independiente. Un día cumple 21 y la madre le pregunta, "Hijo, ¿por qué no vas más a la iglesia?". El hijo responde: "Pero, mamá, no quiero ir a tu iglesia". Y la mamá, indignada porque él dijo "tu iglesia", le dice: "¡No! No es mi iglesia, es **nuestra** iglesia, ¿qué te crees?". El hijo responde: "Mamá, no es **mi** iglesia, ¡nunca lo fue! Siempre fue **tu** iglesia".

Ahí vemos con tristeza la realidad que sufrimos por varias generaciones. La de niños que han crecido en la iglesia, pero que nunca se ubicaron en ella, con la nunca se sintieron cómodos.

Hemos escuchado a pastores predicar sobre la "generación inmunda". Mi pregunta es: ¿quién es la generación inmunda? ¿Es la generación de niños que nunca se ubicó en la iglesia o es la de los padres y abuelos que nunca crearon un espacio para esa otra generación en la iglesia?

Sería muy raro que en mi casa yo como papá les dijera a mis hijas que vean mi noticiero, que vean mis deportes, que vean mis películas, que coman mi comida de adulto y que se vistan como yo. Sería raro, porque no es natural. No es parte de cómo somos como seres humanos. Entonces, ¿por qué en la iglesia obligamos a los niños y niñas a que se comporten como nos comportamos los adultos?

¿Recuerdan la cita que leímos al comienzo? Un día estaba frustrado con esta historia, y le pregunté a Dios: "Señor, ¿por qué esa generación no te conoció? ¡Eran los nietos de Moisés! ¿Qué pasó? ¿Acaso la promesa no era para ellos? ¿Por qué no te conocieron?".

Y Dios me hizo ver que los que faltaban en la tierra prometida eran los abuelos. ¡Es cierto! Ya lo vimos antes en este libro: no había abuelos en la tierra prometida, porque todos habían muerto en el desierto.

Entonces me pongo a pensar: ¿cómo soy yo como papá? Creo que soy mejor papá hoy porque mis padres (los abuelos) están involucrados en las vidas de mis hijas (sus nietas). Soy mejor papá porque a veces, cuando estoy totalmente despreocupado por algo ellos me advierten, "¡Taylor! ¡Esto es importante! ¡Anda! ¡Corre!". Y hay otros momentos cuando he estado muy preocupado por los 38 grados de fiebre de alguna de mis hijas, y ellos me dicen: "¡Cálmate! Dale esta medicina y todo va a estar bien".

Soy mejor papá porque mis padres están involucrados en la vida de mis hijas. Es que ellos ya lo han vivido, ya lo han experimentado, ya han pasado por etapas que yo aún no he vivido.

> **Soy mejor papá porque mis padres están involucrados en la vida de mis hijas**

Cuando veo la historia de Israel en la tierra prometida, no es que Josué y Caleb hicieron un mal trabajo. Hicieron su mejor esfuerzo, hicieron todo lo que pudieron hacer, pero no tenían un punto de referencia, no tenían a su favor la experiencia de los abuelos.

¿Y por qué los abuelos no entraron a la tierra prometida? Como vimos en el capítulo 3, fue porque ellos decidieron no pelear la batalla que les tocaba, a pesar de la promesa de Dios. Al final, todos murieron en el desierto y cuarenta años después Israel entró con Josué y Caleb a la cabeza, y esa generación tuvo que pelear no solo contra un par de gigantes, sino también contra treinta y un reyes.

Dios fue fiel y les dio la victoria, aunque el precio que pagaron fue grande. Entonces, ¿por qué tú y yo no nos decidimos pelear por fe la batalla que está delante de nosotros?

¿Y cómo peleamos? Nuestra tarea, como gente que ha madurado a través de su caminar con Dios, es crear espacios para aquellos que aún están en ese proceso. Consiste en crear un lugar donde ellos se encuentren y se posicionen, al igual que en casa, donde los padres y los abuelos hacen todo lo posible (hasta ponerse de cabeza) para que los hijos y los nietos se desarrollen, para que puedan crecer y se sientan en casa.

Como padres y abuelos, como gente establecida, lo que tenemos que hacer es crear espacios para que la siguiente generación de niños y jóvenes tenga un encuentro con Dios.

Ahora bien, no se trata de hacer una iglesia solo para los jóvenes. Me pone triste cuando hay gente que sale frustrada de la iglesia para ir a plantar una iglesia "juvenil y moderna". Eso no tiene sentido para mí. Dios no quiere una iglesia juvenil. Dios desea una iglesia generacional, donde haya tres o más generaciones conviviendo en el mismo lugar, bajo un mismo techo.

Piénsalo bien, si ves abuelos, padres y nietos en un mismo lugar, alabando al mismo tiempo a Dios, ¿acaso no se parece eso a una familia? ¿A un hogar donde hay risa, alegría y gozo? Creo que esta es la voluntad de Dios. No una iglesia juvenil, sino una iglesia generacional, donde la gente madura haga un espacio para los aún no maduros.

Compromisos personales

Compromisos personales

Compromisos personales

Compromisos personales

¡SUSCRIBE A TU MINISTERIO PARA DESCARGAR LOS MEJORES RECURSOS PARA EL DISCIPULADO DE LAS NUEVAS GENERACIONES!

Lecciones, bosquejos, libros, revistas, videos, investigaciones y mucho más

e625.com/premium

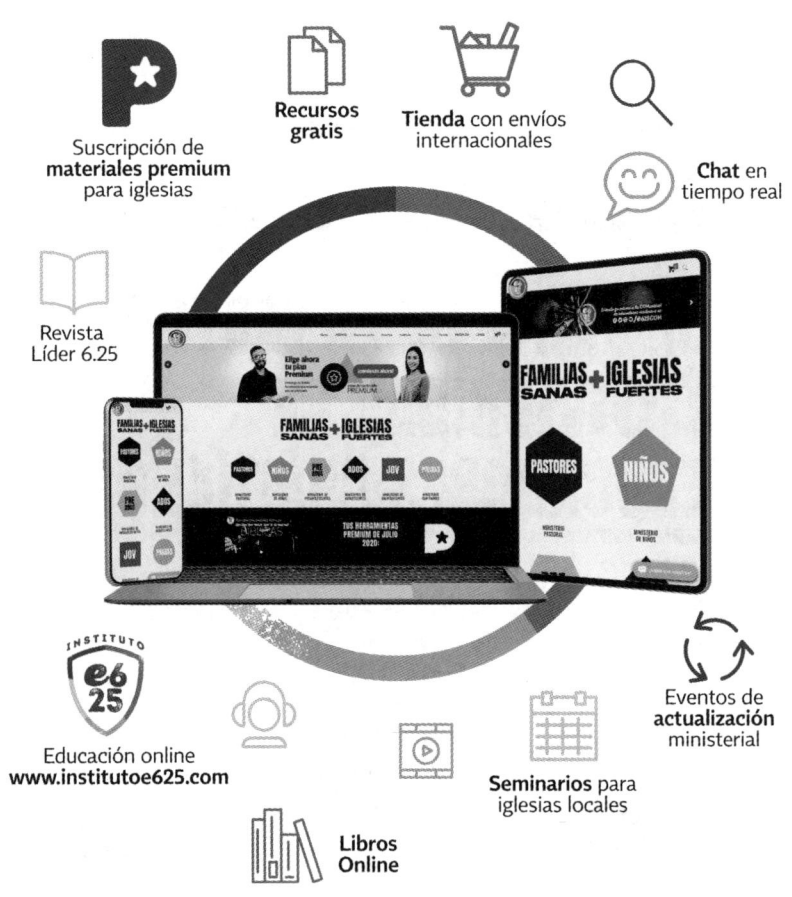